"十四五"职业教育国家规划教材

ERP财务管理系统
综合实训

（第四版）（用友U8V10.1版）

新准则 新税率

主　编　牛永芹　杨　琴　陶克三

副主编　何亚伟　弋兴飞　林　晶

ERP CAIWU GUANLI XITONG
ZONGHE SHIXUN

新形态
教材

本书另配：账　　套
录　　屏
课　　件
课程标准

中国教育出版传媒集团

高等教育出版社·北京

内容提要

本书是"十四五"职业教育国家规划教材。

本书以工业企业的真实经济业务为原型编写了综合实训并提供结果账套，突出实践，帮助读者熟悉信息化环境下财务管理业务的处理方法和处理流程，为检验学习效果编写了模拟题，满足不同层次教学需求。

本书共分四个项目，项目一以工业企业一个月的业务展现账套建立、基础信息设置、总账管理系统日常业务、应收款管理系统业务、应付款管理系统业务、固定资产管理系统业务、薪资管理系统业务、总账管理系统期末业务和报表管理系统业务处理流程。项目二至项目四分别以不同难易程度的模拟测试题来检验学习效果。

本书可作为高等职业院校会计及经济管理等相关专业的会计信息化教学用书，也可作为职业院校会计技能大赛的辅导用书。

图书在版编目（CIP）数据

ERP 财务管理系统综合实训：用友 U8 V10.1 版 / 牛永芹，杨琴，陶克三主编. —4 版. —北京：高等教育出版社，2023.8

ISBN 978 - 7 - 04 - 059848 - 3

Ⅰ.①E… Ⅱ.①牛… ②杨… ③陶… Ⅲ.①财务软件—高等职业教育—教材 Ⅳ.①F232

中国国家版本馆 CIP 数据核字（2023）第 007529 号

| 策划编辑 | 毕颖娟 蒋 芬 | 责任编辑 | 蒋 芬 | 封面设计 | 张文豪 | 责任印制 | 高忠富 |

出版发行	高等教育出版社	网　　址	http://www.hep.edu.cn
社　　址	北京市西城区德外大街 4 号		http://www.hep.com.cn
邮政编码	100120	网上订购	http://www.hepmall.com.cn
印　　刷	上海叶大印务发展有限公司		http://www.hepmall.com
开　　本	787mm×1092mm　1/16		http://www.hepmall.cn
印　　张	11	版　　次	2023 年 8 月第 4 版
字　　数	274 千字		2015 年 8 月第 1 版
购书热线	010-58581118	印　　次	2023 年 8 月第 1 次印刷
咨询电话	400-810-0598	定　　价	29.00 元

本书如有缺页、倒页、脱页等质量问题，请到所购图书销售部门联系调换

第四版前言

本书是"十四五"职业教育国家规划教材。

本书自第一版出版以来，承蒙读者厚爱，取得了较好的效果。应广大读者的要求，同时体现最新财税政策的变化，我们再次对教材内容进行了全面更新。本书是安徽省高等学校质量工程高水平高职教材项目（项目编号：2018yljc295）的成果之一，也是安徽省高等学校质量工程特色专业教学资源库项目（项目编号：2019zyk28）的成果之一。读者可以在智慧职教（icve.com.cn）注册，搜索课程"ERP 财务管理系统应用综合实训"，进行学习或下载相关资源。

本书通过有机融入自立自信、诚实守信、守正创新、建党精神等课程思政内容，全面贯彻党的教育方针，落实立德树人根本任务，培养德智体美劳全面发展的中国特色社会主义的建设者和接班人。

本次修订主要在以下方面进行了改进：

（1）涉及"增值税税率"下调的业务已全部更新。

（2）为适应移动互联时代，书中综合练习的每一个业务题都提供操作录屏，以二维码的形式呈现在书中。

本实训书与其他 ERP 财务管理实训书相比，具有以下明显的特点：

（1）实用性。本书以某工业企业一个月的业务为主要素材进行编写，业务类型丰富且业务描述以原始单据形式呈现，能够更好地培养学生会计职业操作能力。

（2）教学资源丰富。本书由校企合作共同开发学习资源，资源包括操作录屏、模拟题初始账套和结果账套等，以丰富的资源为教师教学和学生学习提供全面支持。教学资源获取方式：① 加入教师交流 QQ 群：366769717，QQ 群公告栏提供教学资料网盘下载地址；② 也可按本书末页教学资源服务指南向高等教育出版社联系索取。

（3）教学与考核结合。在本书编写过程中，编者深入企业、会计师事务所、财务咨询公司等单位进行调研，收集了大量素材和业务资料，使本书内容能与实践接轨。为满足不同层次教学需求，本书编写了三套难易程度不同的期末测试模拟题，教师可选择使用，以检验教学及学生学习效果。

本书由安徽商贸职业技术学院牛永芹、杨琴、陶克三担任主编，安徽商贸职业技术学院何亚伟、弋兴飞、林晶担任副主编。

由于编者水平有限，对实际工作研究存在一定的局限性，本书难免有疏漏和不当之处，在此，我们期待使用本书的教师和学生不吝指正，以便今后不断完善。

编　者

2023 年 6 月

目　录

项目一　综合实训

实训一　建立账套

一、企业背景资料

（1）公司名称：北京市大洋科技有限公司。

（2）性质：有限责任公司，增值税一般纳税人。

（3）生产组织与工艺流程：公司下设两个生产车间，一车间单步骤大量生产 3 kg 瓶装洗衣液，二车间单步骤大量生产 1.8 kg 瓶装洗洁精两种产品。

（4）原材料收发按实际成本计价，发出材料的实际单位成本按移动加权平均法计算。

（5）周转材料采用实际成本计价核算，摊销采用一次转销法。

（6）产成品的收发按实际成本计价核算，发出产成品的实际单位成本按全月一次加权平均法计算。销售成本结转采用自动结转。

（7）期末，存货按成本与可变现净值孰低法计价。如果由于存货毁损、全部或部分陈旧过时或销售价格低于成本，使存货成本高于可变现净值的，按单个存货项目计提存货跌价准备。

（8）采用平均年限法计提固定资产折旧。

（9）对使用寿命有限的无形资产，以其成本扣除预计残值后的金额，在预计的使用年限内采用直线法进行摊销。专利权使用寿命 10 年。摊销费用计入总经理室。

（10）成本核算采用公司一级成本核算形式。产品成本计算采用品种法。

（11）城市维护建设税按流转税税额的 7% 计算；教育费附加按流转税税额的 3% 计算；地方教育附加按流转税税额的 2% 计算。

（12）计算中要求精确到小数点后 2 位，尾差按业务需要进行调整。

（13）根据借款合同，公司短期借款、长期借款利息均按月支付。

二、建立账套

〖实训目的〗

（1）熟悉用友 U8V10.1 软件的系统管理模块，掌握用户管理的内容和操作方法。

（2）熟练掌握账套管理的相关内容和操作方法。

（3）理解系统管理在整个软件系统中的作用及重要性，理解权限分配的意义。

1

〖**实训准备与要求**〗

（1）修改系统时间为 2023 年 1 月 1 日。

（2）在 D 盘建立以"实训账套"命名的文件夹。

〖**实训内容与实训资料**〗

（1）增加操作员。相关操作员信息如表 1-1 所示。

表 1-1 操作员基本信息

编 号	姓 名	口 令	所属部门
W01	学生学号	略	财务部
W02	学生姓名	略	财务部
W03	李 朋	略	财务部

（2）建立账套。北京市大洋科技有限公司账套基本信息如表 1-2 所示。

表 1-2 账套基本信息

账套号	777
账套名称	北京市大洋科技有限公司
启用会计期	2023 年 1 月 1 日
账套存储路径	系统默认路径
单位名称	北京市大洋科技有限公司
单位简称	大洋科技
单位地址	北京市海淀区上地东路 77 号
法人代表	李金泽
邮政编码	100081
联系电话及传真	010-87741816
纳税人识别号	911100227300202776
本位币代码	RMB
企业类型	工业
行业性质	2007 新会计制度科目
账套主管	学生学号
按行业性质预设会计科目	2007 新会计准则的会计科目
基础信息	该企业无外币核算，进行经济业务处理时，不需要对存货、客户、供应商进行分类
分类编码方案	科目编码级次：4-2-2-2，其他科目编码默认
数据精度	该企业对存货数量、单价的小数位数定为 2
需要立即启用的模块	总账，启用时间为 2023 年 1 月 1 日

（3）设置操作员权限。操作员权限基本信息如表1-3所示。

表1-3 操作员权限基本信息

编号	姓　名	权　限　规　定
W01	学生学号	账套主管
W02	学生姓名	公共单据、公用目录设置、总账（填制凭证、查询凭证、账表、期末处理）、应收款和应付款（不含收付款单填制、选择收款和选择付款权限）、固定资产、薪资的所有权限
W03	李　朋	收付款单填制、选择收款和选择付款权限、票据的登记、出纳签字、现金日记账、银行日记账、资金日报、银行对账

（4）备份账套数据。在D盘"实训账套"文件夹下建立"1-1"文件夹，将账套备份至此文件夹。

实训二 基础信息设置

〖**实训目的**〗

（1）掌握用友U8V10.1软件中有关基础档案设置的相关内容。

（2）理解基础设置在整个系统中的作用。

（3）理解基础设置的数据对日常业务处理的影响。

〖**实训准备与要求**〗

（1）修改系统日期为2023年1月1日。

（2）引入"D:\实训账套\1-1"文件夹中账套备份数据。

（3）以账套主管"W01学生学号"的身份注册登录企业应用平台，进行基础设置。

〖**实训内容与实训资料**〗

（1）设置部门档案。大洋科技相关部门档案信息如表1-4所示。

表1-4 大洋科技部门档案信息

部门编码	部门名称	部门编码	部门名称
1	总经理室	5	仓库
2	财务部	6	生产车间
3	采购部	601	一车间
4	销售部	602	二车间

（2）设置人员类别。大洋科技人员类别信息如表1-5所示。

表1-5 大洋科技人员类别信息

档案编码	档案名称	档案编码	档案名称
10101	企业管理人员	10103	车间管理人员
10102	销售人员	10104	生产人员

1

（3）设置人员档案。大洋科技人员档案信息如表1-6所示。

表1-6　大洋科技人员档案信息

人员编码	人员姓名	行政部门	雇佣状态	人员类别	性别	是否业务员
101	李金泽	总经理室	在职	企业管理人员	男	是
102	李明	总经理室	在职	企业管理人员	女	是
201	学生学号	财务部	在职	企业管理人员	女	是
202	学生姓名	财务部	在职	企业管理人员	女	是
203	李朋	财务部	在职	企业管理人员	女	是
301	赵新民	采购部	在职	企业管理人员	男	是
302	李卉	采购部	在职	企业管理人员	女	是
401	李涛	销售部	在职	销售人员	男	是
402	魏春红	销售部	在职	销售人员	女	是
501	王静	仓库	在职	企业管理人员	女	是
502	谢东	仓库	在职	企业管理人员	男	是
611	邢雷	一车间	在职	车间管理人员	男	是
612	杨杰	一车间	在职	车间管理人员	男	是
613	马玉洁	一车间	在职	生产人员	女	是
614	王琳	一车间	在职	生产人员	女	是
615	郑洁	一车间	在职	生产人员	男	是
616	孙浩	一车间	在职	生产人员	男	是
617	李红	一车间	在职	生产人员	女	是
618	李伟	一车间	在职	生产人员	男	是
619	刘涛	一车间	在职	生产人员	男	是
621	黄蓓蓓	二车间	在职	车间管理人员	女	是
622	赵子龙	二车间	在职	车间管理人员	男	是
623	叶子	二车间	在职	生产人员	男	是
624	周红梅	二车间	在职	生产人员	女	是
625	周炜	二车间	在职	生产人员	男	是
626	刘伟	二车间	在职	生产人员	男	是
627	王玲	二车间	在职	生产人员	女	是
628	邓建飞	二车间	在职	生产人员	男	是
629	宋春兰	二车间	在职	生产人员	女	是

（4）设置客户档案。大洋科技客户档案信息如表1-7所示。

表 1-7　大洋科技客户档案信息

客户编码	客户名称	客户简称	纳税人识别号	地址电话	分管部门	专管员	开户银行	账　号	默认值
001	芜湖鑫科日用品商贸有限公司	鑫科商贸	91340020735756987 72	安徽省芜湖市弋江区滨江路66号,0553-3522888	销售部	李涛	中国建设银行芜湖市弋江支行	1307310182 600029635	是
002	合肥福耀日用品商贸有限公司	福耀商贸	91340010874766987 76	安徽省合肥市蜀山区长江中路77号,0551-59146738	销售部	李涛	中国工商银行合肥市蜀山支行	6222620185 300025987	是
003	上海百信超市有限公司	百信超市	91310010865220697 78	上海市黄浦区凤阳路418号,021-36998846	销售部	魏春红	中国农业银行上海市黄埔支行	6871620185 600025961	是
004	北京安顺运输有限公司	安顺运输	91110020487789805 57	北京市东城区光明路85号,010-87879656	销售部	李涛	中国建设银行北京市东城支行	6540100125 8964545 85	是

（5）设置供应商档案。大洋科技供应商档案信息如表1-8所示。

表 1-8　大洋科技供应商档案信息

供应商编码	供应商名称	供应商简称	纳税人识别号	地址电话	开户银行	账号	分管部门	专管员
001	常州华城化工有限公司	华城公司	91320040723362298 7	江苏省常州市天宁区朝阳路99号,0519-82301288	中国工商银行常州市天宁支行	6220022029 249363661	采购部	赵新民
002	山东联盟化工集团有限公司	联盟化工	91370015777359872 42	山东省寿光市金海路199号,0536-2238692	中国工商银行寿光市金海支行	6222600597 934526369	采购部	赵新民
003	北京市海淀区供电公司	供电公司	91110010610266987 77	北京市海淀区海淀南路62号,010-65690188	中国建设银行北京市海淀支行	1340600236 934526598	采购部	李卉
004	北京市海淀区供水公司	供水公司	91110020910269872 46	北京市海淀区北清路182号,010-89632215	中国农业银行北京市海淀支行	3220000698 741025669	采购部	李卉
005	北京安顺运输有限公司	安顺运输	91110020487789805 57	北京市东城区光明路85号,010-87879656	中国建设银行北京市东城支行	6540100125 896454585	采购部	赵新民

（6）设置结算方式。大洋科技结算方式信息如表1-9所示。

表 1-9　大洋科技结算方式信息

结算方式	结算方式名称	票据管理
1	现金结算	否
2	支票结算	否

结算方式	结算方式名称	票据管理
201	现金支票	否
202	转账支票	否
3	汇票结算	否
301	银行承兑汇票	否
302	商业承兑汇票	否
4	电汇	否
9	其他	否

（7）设置计量单位组及计量单位。大洋科技计量单位组及计量单位信息如表1-10所示。

表1-10　大洋科技计量单位组及计量单位信息

设　置　组	计量单位组编码：01	计量单位组名称：基本计量单位	计量单位组类别：无换算率
设置计量单位	计量单位编码：01	计量单位名称：千克	
	计量单位编码：02	计量单位名称：瓶	
	计量单位编码：03	计量单位名称：元	
	计量单位编码：04	计量单位名称：套	
	计量单位编码：05	计量单位名称：度	
	计量单位编码：06	计量单位名称：吨	
	计量单位编码：07	计量单位名称：公里 *	

（8）设置存货档案。大洋科技存货档案信息如表1-11所示。

表1-11　大洋科技存货档案信息

存货编码	存货名称	计量单位	销项税率	进项税率	存货属性
001	磺酸	千克		13%	外购、生产耗用
002	碳酸钠	千克		13%	外购、生产耗用
003	塑料	千克		13%	外购、生产耗用
004	电	度		13%	外购、生产耗用
005	水	吨		9%	外购、生产耗用
006	3 kg 瓶装洗衣液	瓶	13%		自制、内销、外销
007	1.8 kg 瓶装洗洁精	瓶	13%		自制、内销、外销
008	运输费	公里		9%	外购、应税劳务

---

　*　本书因配套软件实际生成业务需要，以"公里"作为路程计量单位。

（9）设置凭证类别。大洋科技采用记账凭证。

（10）增加相关会计科目。大洋科技需要增加的会计科目信息如表 1-12 所示。

表 1-12　大洋科技需要增加的会计科目信息

科目编码	科目名称	方向	辅助账类型	计量单位
100201	交行存款	借	日记账、银行账	
100202	建行存款	借	日记账、银行账	
101201	存出投资款	借		
110101	成本	借		
110102	公允价值变动	借		
140201	磺酸	借		
140202	碳酸钠	借		
140203	塑料	借		
140301	磺酸	借	数量核算	千克
140302	碳酸钠	借	数量核算	千克
140303	塑料	借	数量核算	千克
140304	电	借	数量核算	度
140305	水	借	数量核算	吨
141101	工作服	借	数量核算	套
141102	包装材料	借	数量核算	袋
1481	合同资产	借	客户往来、应收系统	
170101	专利权	借		
2204	合同负债	贷	客户往来、应收系统	
221101	工资	贷		
221102	职工福利	贷		
221103	社会保险费	贷		
221104	设定提存计划	贷		
221105	工会经费	贷		
221106	职工教育经费	贷		
221107	住房公积金	贷		
222101	应交增值税	贷		
22210101	进项税额	借		
22210102	已交税金	贷		
22210104	转出未交增值税	贷		
22210105	销项税额	贷		
22210107	进项税额转出	贷		
22210109	转出多交增值税	贷		

科目编码	科 目 名 称	方向	辅助账类型	计量单位
222102	未交增值税	贷		
222104	应交消费税	贷		
222106	应交企业所得税	贷		
222108	应交城市维护建设税	贷		
222109	应交教育费附加	贷		
222110	应交地方教育附加	贷		
222112	应交个人所得税	贷		
410101	法定盈余公积	贷		
410102	任意盈余公积	贷		
410401	其他转入	贷		
410402	提取法定盈余公积	贷		
410403	提取任意盈余公积	贷		
410410	应付普通股股利	贷		
410415	未分配利润	贷		
500101	直接材料	借	项目核算	
500102	直接人工	借	项目核算	
500103	制造费用	借	项目核算	
510101	折旧费	借		
510102	工资	借		
510103	办公费	借		
510104	水电费	借		
510109	其他	借		
6115	资产处置损益	收入		
660101	职工薪酬	支出		
660102	广告费	支出		
660103	水电费	支出		
660104	折旧费	支出		
660105	差旅费	支出		
660106	办公费	支出		
660109	其他	支出		
660201	职工薪酬	支出	部门核算	
660202	办公费	支出	部门核算	
660203	水电费	支出	部门核算	

续 表

科目编码	科 目 名 称	方向	辅助账类型	计量单位
660204	折旧费	支出	部门核算	
660205	差旅费	支出	部门核算	
660209	其他	支出	部门核算	
6702	信用减值损失	支出		

（11）修改相关会计科目。大洋科技需要修改的会计科目信息如表1-13所示。

表 1-13　大洋科技需要修改的会计科目信息

科目编码	科目名称	修 改 内 容			
		科目名称	辅助账类型	受控系统	计量单位
1121	应收票据		客户往来	应收系统	
1122	应收账款		客户往来	应收系统	
1123	预付账款		供应商往来	应付系统	
1221	其他应收款		个人往来		
1405	库存商品		项目核算、数量核算		瓶
1501	债权投资				
1502	其他债权投资				
2201	应付票据		供应商往来	应付系统	
2202	应付账款		供应商往来	应付系统	
2203	预收账款		客户往来	应收系统	
6001	主营业务收入		项目核算、数量核算		瓶
6401	主营业务成本		项目核算、数量核算		瓶
6403	营业税金及附加	税金及附加			

（12）指定相关会计科目。

指定会计科目【1001库存现金】为现金科目，指定【1002银行存款】为银行科目。

（13）设置项目目录。大洋科技生产成本项目目录信息如表1-14所示。

表 1-14　大洋科技生产成本项目目录信息

项目设置步骤	设置内容
新项目大类名称	生产成本
核算科目	库存商品（1405）
	直接材料（500101）
	直接人工（500102）
	制造费用（500103）
	主营业务收入（6001）
	主营业务成本（6401）

1

续　表

项目分类	分类编码：1,分类名称：自行生产
	分类编码：2,分类名称：委托加工
项目名称	项目编号：1,项目名称：3 kg瓶装洗衣液,所属分类编码：1
	项目编号：2,项目名称：1.8 kg瓶装洗洁精,所属分类编码：1

（14）设置数据权限控制。取消对所有"记录级"业务对象的权限控制。

（15）备份账套数据。在 D 盘"实训账套"文件夹下建立"1-2"文件夹,将账套备份至此文件夹。

实训三　总账管理系统日常业务处理

一、总账管理系统初始设置

〖实训目的〗

（1）掌握用友 U8V10.1 软件中总账管理系统初始设置的相关内容。

（2）理解总账管理系统初始设置的意义。

（3）掌握总账管理系统初始设置的操作方法。

〖实训准备与要求〗

（1）修改系统时间为 2023 年 1 月 1 日。

（2）引入"D:\实训账套\1-2"文件夹中账套备份数据。

（3）以"W01 学生学号"的身份注册登录企业应用平台,进行总账的初始设置操作。

〖实训内容与实训资料〗

1. 设置总账管理系统控制参数

大洋科技的总账管理系统控制参数信息如表 1-15 所示。

表 1-15　大洋科技总账管理系统控制参数信息

选 项 卡	参 数 设 置
凭证	取消"制单序时控制" 取消"现金流量科目必录现金流量项目" 自动填补凭证断号 其他采用系统默认值
账簿	明细账打印方式按月排页 采用系统默认值
凭证打印	采用系统默认值
预算控制	采用系统默认值

选 项 卡	参 数 设 置
权限	出纳凭证必须经由出纳签字 取消"允许修改、作废他人填制的凭证" 其他采用系统默认值
会计日历	采用系统默认值
其他	部门、个人、项目排序方式均按编码排序
自定义项核算	采用系统默认值

2.录入总账管理系统期初余额

大洋科技总账管理系统期初余额信息如表1-16～表1-21所示。

表 1-16　大洋科技总账管理系统期初余额表

科 目 名 称	方向	币别/计量	期初余额/元
库存现金(1001)	借		9 800
银行存款(1002)	借		827 968
交行存款(100201)	借		827 968
其他货币资金(1012)	借		980 000
存出投资款(101201)	借		980 000
应收票据(1121)	借		423 750
应收账款(1122)	借		248 600
坏账准备(1231)	贷		1 243
在途物资(1402)	借		20 000
磺酸(140201)	借		20 000
原材料(1403)	借		648 400
磺酸(140301)	借		561 600
	借	千克	70 200
碳酸钠(140302)	借		46 800
	借	千克	23 400
塑料(140303)	借		40 000
	借	千克	5 000
库存商品(1405)	借		783 500
固定资产(1601)	借		1 960 000
累计折旧(1602)	贷		98 958
无形资产(1701)	借		120 000
专利权(170101)	借		120 000

续　表

科　目　名　称	方向	币别/计量	期初余额/元
累计摊销(1702)	贷		60 000
短期借款(2001)	贷		200 000
应付账款(2202)	贷		79 326
应付职工薪酬(2211)	贷		155 230
工资(221101)	贷		110 230
职工福利(221102)	贷		45 000
应交税费(2221)	贷		54 750
未交增值税(222102)	贷		10 000
应交企业所得税(222106)	贷		40 000
应交城市维护建设税(222108)	贷		1 400
应交教育费附加(222109)	贷		600
应交个人所得税(222112)	贷		2 750
长期借款(2501)	贷		2 000 000
实收资本(4001)	贷		2 638 890
盈余公积(4101)	贷		668 621
法定盈余公积(410101)	贷		668 621
利润分配(4104)	贷		75 000
未分配利润(410415)	贷		75 000
生产成本(5001)	借		10 000
直接材料(500101)	借		5 000
直接人工(500102)	借		3 000
制造费用(500103)	借		2 000

表 1－17　大洋科技应收票据(1121)期初余额表

日　期	凭证号	客　户	摘　要	方向	期初余额/元
2022－12－19	记-20	芜湖鑫科日用品商贸有限公司	销售 3 kg 瓶装洗衣液,5 000 瓶,75 元/瓶,票据号 46987532,到期日: 2023－1－19,承兑银行：建设银行	借	423 750

表 1－18　大洋科技应收账款(1122)期初余额表

日　期	凭证号	客　户	摘　要	方向	金额/元
2022－12－10	记-34	合肥福耀日用品商贸有限公司	销售 3 kg 瓶装洗衣液,2 000 瓶,75 元/瓶,票据号 36951239	借	169 500
2022－12－12	记-56	上海百信超市有限公司	销售 1.8 kg 瓶装洗洁精,2 000 瓶,35 元/瓶,票据号 36951248	借	79 100

表 1-19 大洋科技库存商品(1405)期初余额表

项　　目	方　　向	金额/元	数量/瓶
3 kg 瓶装洗衣液	借	750 000	15 000
1.8 kg 瓶装洗洁精	借	33 500	1 675

表 1-20 大洋科技应付账款(2202)期初余额表

日　期	凭证号	供应商	摘　　要	方向	金额/元
2022-12-25	记-57	常州华城化工有限公司	购买磺酸,8 775 千克,单价 8 元/千克,票据号 98741254	贷	79 326

表 1-21 大洋科技生产成本(500101—500103)期初余额表

科 目 名 称	3 kg 瓶装洗衣液/元	1.8 kg 瓶装洗洁精/元	合计/元
直接材料(500101)	2 000	3 000	5 000
直接人工(500102)	1 500	1 500	3 000
制造费用(500103)	800	1 200	2 000
合　　计	4 300	5 700	10 000

3. 备份账套数据

在 D 盘"实训账套"文件夹下建立"1-3-1"文件夹,将账套备份至此文件夹。

二、总账管理系统日常业务处理

〖实训目的〗

(1)掌握用友 U8V10.1 软件中总账管理系统日常业务处理的相关内容。

(2)熟悉总账管理系统日常业务处理的各种操作。

(3)掌握凭证管理、出纳管理和账簿管理的具体内容和操作方法。

〖实训准备与要求〗

(1)修改系统时间为 2023 年 1 月 31 日。

(2)引入"D:\实训账套\1-3-1"文件夹中账套备份数据。

(3)以"W03 李朋"的身份进行出纳签字。

(4)以"W01 学生学号"的身份进行审核。

(5)以"W02 学生姓名"的身份完成总账管理系统的其他业务处理。

〖实训内容与实训资料〗

1. 业务处理

(1)1 月 1 日,开出转账支票支付财务部办公费。取得相关凭证如图 1-1~图 1-3 所示。

总账:
业务处理 1

1

1100204976　　北京增值税专用发票　　№58659554　　1100204976 58659554

发票联

开票日期：2023年01月01日

购买方	名　　称：北京市大洋科技有限公司 纳税人识别号：911100227300202776 地　址、电　话：北京市海淀区上地东路77号，010-87741816 开户行及账号：交通银行北京市左家庄支行，7791041806161123321	密码区	48*7>+>-2/3-65745<14539458<3844530481<194 9875/3750384<1948*7>+>-2//51948*7>+>55445 45987>*8574<194561948*7>+>7-7<8*873/+<424 57913-30011521948*7>+><191948*7>+>142>>8-

货物或应税劳务、服务名称	规格型号	单位	数量	单价	金额	税率	税额
*纸制品*A4打印纸		包	150	20.00	3000.00	13%	390.00
合　　计					¥3000.00		¥390.00
价税合计（大写）	⊗叁仟叁佰玖拾圆整				（小写）¥3390.00		

销售方	名　　称：北京天福文具有限公司 纳税人识别号：911100202689788452 地　址、电　话：北京市海淀区上地东路98号，010-87745415 开户行及账号：中国农业银行北京市左家庄支行，1312300245657869912	备注	

收款人：（略）　　复核：（略）　　开票人：（略）　　销售方：（章）

税总函［2022］562号海南华森实业公司

第三联：发票联　购买方记账凭证

图 1-1　[1 月 1 日业务]原始凭证 1

付　款　审　批　单

2023 年　01 月　01 日

收款单位	北京天福文具有限公司	申请部门	财务部
开户行	中国农业银行北京市左家庄支行	经手人	李朋
账号	1312300245657869912	付款方式	转账支票
付款用途	支付购买办公用品费用		
付款金额	人民币（大写）叁仟叁佰玖拾圆整	小写	¥3390.00

总经理	财务负责人	部门负责人	出纳
李金泽	李明	李明	李朋

会计主管：（略）　审核：（略）　出纳：（略）　制单：（略）

图 1-2　[1 月 1 日业务]原始凭证 2

总账：业务处理 2

总账：业务处理 3

总账：业务处理 4

总账：业务处理 5

总账：业务处理 6

（2）1 月 2 日，签发现金支票，提取备用金。取得相关凭证如图 1-4 所示。

（3）1 月 3 日，采购部赵新民预借差旅费。取得相关凭证如图 1-5 所示。

（4）1 月 4 日，收到银行通知，已代缴上月增值税。取得相关凭证如图 1-6 所示。

（5）1 月 5 日，收到银行通知，已代缴上月城市维护建设税、教育费附加。取得相关凭证如图 1-7 所示。

（6）1 月 6 日，收到银行通知，已代缴上月个人所得税。取得相关凭证如图 1-8 所示。

交通银行
转账支票存根
30101127
32100028

附加信息

出票日期 2023 年 01 月 01 日

收款人：北京天福文具有限公司	
金　额：¥3390.00	
用　途：支付办公费	

单位主管（略）会计（略）

合肥方正三泰印刷有限公司·2018年印制

图 1-3 [1 月 1 日业务]原始凭证 3

交通银行
现金支票存根
30101115
26410023

附加信息

出票日期 2023 年 01 月 02 日

收款人：北京市大洋科技有限公司	
金　额：¥2000.00	
用　途：提取备用金	

单位主管（略）会计（略）

合肥方正三泰印刷有限公司·2018年印制

图 1-4 [1 月 2 日业务]原始凭证

借　款　单

2023 年 01 月 03 日　　　　第 0128 号

借款部门	采购部	姓名	赵新民	事由	出差
借款金额（大写）	零 万 壹 仟 零 佰 零 拾 零 元 零 角 零 分　¥ 1000.00				
部门负责人签署	赵新民	借款人签章	赵新民	注意事项	一、凡借用公款必须使用本单位借款单 二、出差返回后三天内结算
单位领导批示	略	财务经理审核意见	略　现金付讫		

图 1-5 [1 月 3 日业务]原始凭证

(7) 1 月 7 日，委托北京日诚设备维修有限公司维修总经理室办公设备。取得相关凭证如图 1-9～图 1-11 所示。

(8) 1 月 8 日，一车间领用磺酸，用于车间一般耗用(成本计算不考虑应付款管理系统采购业务的影响)。取得相关凭证如图 1-12 所示。

(9) 1 月 9 日，委托北京伟星塑料制品有限公司加工一批包装材料，当日委托北京乐途运输有限公司将原材料运送至对方单位(发出材料成本计算不考虑应付款管理系统采购业务的影响)。取得相关凭证如图 1-13～图 1-16 所示。

(10) 1 月 9 日，总经理李金泽报销医药费。取得相关凭证如图 1-17 所示。

总账：业务处理 7

总账：业务处理 8

总账：业务处理 9

总账：业务处理 10

1

交通银行电子缴税付款凭证

转账日期：2023年01月04日　　　　　　　　凭证字号：　NO.0100405

纳税人全称及纳税人识别号：　北京市大洋科技有限公司911100227300202776

付款人全称：北京市大洋科技有限公司
付款人账号：7791041806161123321　　　　征收机关名称：北京市海淀区税务分局
付款人开户银行：交通银行北京市左家庄支行　收款国库（银行）名称：国家金库北京市海淀区支库
小写（合计）金额：￥10000.00　　　　　　缴款书交易流水号：2548863112
大写（合计）金额：人民币壹万元整　　　　　税票号码：　1100227549

税（费）种名称	所属期间	实缴金额
增值税	20221201-20221231	￥10000.00

交通银行北京市左家庄支行
2023.01.04
转
讫

第 1 次打印　　　　　　　　　　　打印时间：2023年01月04日15时06分

第二联　做付款回单（无银行收讫章无效）　　　复核　　　　记账

图 1-6　[1月4日业务]原始凭证

交通银行电子缴税付款凭证

转账日期：2023年01月05日　　　　　　　　凭证字号：　NO.0100507

纳税人全称及纳税人识别号：　北京市大洋科技有限公司911100227300202776

付款人全称：北京市大洋科技有限公司
付款人账号：7791041806161123321　　　　征收机关名称：北京市海淀区税务分局
付款人开户银行：交通银行北京市左家庄支行　收款国库（银行）名称：国家金库北京市海淀区支库
小写（合计）金额：￥2000.00　　　　　　　缴款书交易流水号：2548584255
大写（合计）金额：人民币贰仟元整　　　　　税票号码：　1100227967

税（费）种名称	所属期间	实缴金额
城市维护建设税	20221201-20221231	￥1400.00
教育费附加	20221201-20221231	￥600.00

交通银行北京市左家庄支行
2023.01.05
转
讫

第 1 次打印　　　　　　　　　　　打印时间：2023年01月05日15时35分

第二联　做付款回单（无银行收讫章无效）　　　复核　　　　记账

图 1-7　[1月5日业务]原始凭证

交通银行电子缴税付款凭证

转账日期：2023年01月06日　　　　　　凭证字号：NO.0100609

纳税人全称及纳税人识别号：北京市大洋科技有限公司911100227300202776

付款人全称：北京市大洋科技有限公司

付款人账号：7791041806161123321　　　征收机关名称：北京市海淀区税务分局

付款人开户银行：交通银行北京市左家庄支行　收款国库(银行)名称：国家金库北京市海淀区支库

小写(合计)金额：￥2750.00　　　　　　缴款书交易流水号：2548655865

大写(合计)金额：人民币贰仟柒佰伍拾元整　　税票号码：1100228124

税(费)种名称	所属期间	实缴金额
个人所得税	20221201-20221231	￥2750.00

交通银行北京市左家庄支行
2023.01.06
转讫

第 1 次打印　　　　　　　　　打印时间：2023年01月06日15时35分

第二联　做付款回单（无银行收讫章无效）　　复核　　记账

图1-8　[1月6日业务]原始凭证

北京增值税专用发票

1100404882　　　　　　　　　　　　　　№85435970　　　1100404882
　　　　　　　　　　　　发票联　　　　　　　　　　　　85435970

开票日期：2023年01月07日

购买方	名称：北京市大洋科技有限公司 纳税人识别号：911100227300202776 地址、电话：北京市海淀区上地东路77号，010-87741816 开户行及账号：交通银行北京市左家庄支行，7791041806161123321	密码区	48*7>+>-2/3-65745<14539458<3844530481<194 9875/3750384<1948*7>-2//51948*7>+>55445 45987>8574<194561948*7>-7-7<8*873/+<424 57913-30011521948*7><191948*7>+>142>>8-

货物或应税劳务、服务名称	规格型号	单位	数量	单价	金额	税率	税额
*劳务*设备修理费		小时	1	200.00	200.00	13%	26.00
合　　　计					￥200.00		￥26.00

价税合计(大写)　⊗贰佰贰拾陆圆整　　　　　　　　　￥226.00

销售方	名称：北京日诚设备维修有限公司 纳税人识别号：911100405215963692 地址、电话：北京市东城区香河园路141号，010-75671282 开户行及账号：交通银行北京市东城支行，6225000085652456256	备注	北京日诚设备维修有限公司 911100405215963692 发票专用章

收款人：(略)　　复核：(略)　　开票人：(略)　　销售方：(章)

第三联：发票联　购买方记账凭证

图1-9　[1月7日业务]原始凭证1

1

付　款　审　批　单

2023 年　01 月　07 日

收款单位	北京日诚设备维修有限公司		申请部门	采购部
开户行	交通银行北京市东城支行		经手人	赵新民
账　号	6225000085652456256		付款方式	转账支票
付款用途	支付总经理室设备维修费			
付款金额	人民币（大写）	贰佰贰拾陆圆整	小写	￥226.00
总经理	财务负责人	部门负责人		出纳
李金泽	李明	赵新民		李朋

会计主管：（略）　　审核：（略）　　出纳：（略）　　　　制单：（略）

图 1 - 10　[1 月 7 日业务]原始凭证 2

交通银行
转账支票存根
30101127
32100031

附加信息 _____

_____

出票日期 2023 年 01 月 07 日

收款人：北京日诚设备维修有限公司
金　额：￥226.00
用　途：支付设备修理费

单位主管（略）会计（略）

图 1 - 11　[1 月 7 日业务]原始凭证 3

1

领　料　单

领料部门：一车间

用　途：车间一般耗用　　　　　　　2023 年 01 月 08 日　　　　单号：4376

材　料			单位	数　量		成　本		
编号	名　称	规格		请领	实发	单价	金额 百十万千百十元角分	
1	喷漆		千克	100	100			
	合计			100	100	—		

部门经理：（略）　　　会计：（略）　　　仓库：（略）　　　经办人：（略）

图 1-12　[1 月 8 日业务]原始凭证

1100107014	北京增值税专用发票	№ 86985244	1100107014 86985244

开票日期：2023年01月09日

购买方	名　称：北京市大洋科技有限公司 纳税人识别号：91110022730020****2776 地　址、电话：北京市海淀区上地东路77号，010-87741816 开户行及账号：交通银行北京市左家庄支行，7791041806161123321	密码区	48*7*)+>2/3-65745<1539458<3844530481<194 9875/3750384<1948*7*)+>-2//51948*7*)55445 45987*8574<194561948*7*)7-8*873/+<424 57913-30011521948*7*)<191948*7*)>142)>8-
货物或应税劳务、服务名称	规格型号　单位　数量　单价	金额	税率　税额
*劳务*运输费	公里　20　10.00	200.00	9%　18.00
合　计		￥200.00	￥18.00
价税合计（大写）	⊗ 贰佰壹拾捌圆整	（小写）￥218.00	
销售方	名　称：北京乐途运输有限公司 纳税人识别号：91110010147886****6258 地　址、电话：北京市丰台区万丰路99号，010-55246639 开户行及账号：中国建设银行北京市丰台支行，1340600236652369856	车种：东风大货车-1180 车号：京A58991 起运地：北京市海淀区上地东路77号 到达地：北京市海淀区冷泉路103号	

收款人：（略）　　复核：（略）　　开票人：（略）　　销售方：（章）

图 1-13　[1 月 9 日业务]原始凭证 1

委托加工材料出库单

出货单位：北京市大洋科技有限公司　　　　2023 年 01 月 09 日　　　　单号：23010901

受托加工单位	北京伟星塑料制品有限公司	委托加工单号	wtjg001	发出仓库	原材料库	出库日期	2023年01月09日
编号	名称及规格		单位	数　量		单价	金额
				应发	实发		
1	塑料		千克	3000	3000		
	合计			3000	3000	—	

部门经理：（略）　　　会计：（略）　　　仓库：（略）　　　经办人：（略）

图 1-14　[1 月 9 日业务]原始凭证 2

1

付 款 审 批 单

2023 年 01 月 09 日

收款单位	北京乐途运输有限公司		申请部门	采购部
开户行	中国建设银行北京市丰台支行		经手人	赵新民
账 号	13406002366523698566		付款方式	转账支票
付款用途	支付加工物资运输费用			
付款金额	人民币(大写)	贰佰壹拾捌圆整	小写	￥218.00
总经理	财务负责人		部门负责人	出纳
李金泽	李明		赵新民	李朋

会计主管: (略) 审核: (略) 出纳: (略) 制单: (略)

图 1-15 [1月9日业务]原始凭证 3

交通银行
转账支票存根
30101127
32100032

附加信息

出票日期 2023 年 01 月 09 日

收款人:北京乐途运输有限公司
金 额:￥218.00
用 途:支付运费

单位主管 (略) 会计 (略)

图 1-16 [1月9日业务]原始凭证 4

1

费 用 报 销 单

填报日期：　2023 年　01 月　09 日　　　　　单据及附件共　1　张

姓名	李金泽	所属部门	总经理室	报销形式	现金		
				支票号码			
报 销 项 目		摘　　要		金　　额		备　注	
医药费				￥60.00			
		合　　　　　计		￥60.00			
金额大写：零拾 零万 零仟 零佰 陆拾 零元 零角 零分				原借款：￥0.00 元		应退(补)款：￥60.00 元	
总经理：(略)　　财务经理：(略)　　部门经理：(略)　　会计：(略)　　出纳：(略)　　报销人：李金泽							

现金付讫

图 1-17　[1 月 9 日业务]原始凭证 5

（11）1 月 13 日，委托证券公司购入五矿发展的股票，并将其划分为交易性金融资产。取得相关凭证如图 1-18 所示。

成交过户交割凭单　　买

股东编号：	a0045896548	成交股票：	五矿发展
电脑编号：	44553680	成交数量：	100000.00
公司代号：	065010	成交价格：	￥5.00
申请编号：	18423	成交金额：	￥500000.00
申报时间：	10：05：08	标准佣金：	￥1250.00
成交时间：	10：23：03	过户费用：	0
上次余额：	0股	印花税 ：	0
本次成交：	100000.00	应付金额：	￥501250.00
本次余额：	100000.00	最终余额：	￥478750.00
附加费用：	0	实付金额：	￥501250.00
经办单位：	(略)	客户盖章：	

图 1-18　[1 月 13 日业务]原始凭证

（12）1 月 14 日，向银行借入短期借款。取得相关凭证如图 1-19 所示。

（13）1 月 15 日，对一车间现有的一台机器设备进行日常修理，修理过程中耗用碳酸钠 100 千克（成本计算不考虑应付款管理系统采购业务的影响），另以现金支付维修人员工资。取得相关凭证如图 1-20～图 1-22 所示。

总账：
业务处理 11

总账：
业务处理 12

总账：
业务处理 13

1

借款借据 （收账通知）

借款日期　　**2023 年 01 月 14 日**　　　　借据编号　**20230114963**

收款单位	名 称	北京市大洋科技有限公司	付款单位	名 称	北京市大洋科技有限公司
	开户账号	7791041806161123321		放款户账号	1539985500147836521
	开户银行	交通银行北京市左家庄支行		开户银行	交通银行北京市左家庄支行

借款金额	人民币(大写)	壹万元整		亿	千	百	十	万	千	百	十	元	角	分
							￥	1	0	0	0	0	0	0

借款原因及用途	生产经营	借款期限	6个月

你单位上列借款，已转入你单位结算户内。此致

（银行盖章）

交通银行北京市左家庄支行
2023.01.14
转讫

此联退还借款单位

图 1-19　[1 月 14 日业务]原始凭证

领 料 单

领料部门：一车间

用　途：修理设备　　　　2023 年 01 月 15 日　　　　单号：4385

材料				单位	数量		成本		
编号	名称	规格			请领	实发	单价	金额 百 十 万 千 百 十 元 角 分	
1	碳酸钠			千克	100	100			
合计					100	100	—		

部门经理：（略）　　　会计：（略）　　　仓库：（略）　　　经办人：（略）

图 1-20　[1 月 15 日业务]原始凭证 1

维修工作记录表

工作人员：许家瑞　　　　2023 年 01 月 15 日

工作制度	预定									出勤时数	加班时数	工时差异			
	实际														
代号	机械设备编号	工作内容	故障停运时间			故障代号	故障原因代码	维护情况代码	工时	修换材料				品质	签认人员
			起	止	时数					名称	规格	数量	金额		
0001		维修设备							8	碳酸钠		100千克			刑雷

图 1-21　[1 月 15 日业务]原始凭证 2

费用报销单

| | | | | 填报日期:　**2023** 年　**01** 月　**15** 日 | | | 单据及附件共 **1** 张 |

| 姓名 | **那雷** | 所属部门 | **一车间** | 报销形式 | **现金** | | |
| | | | | 支票号码 | | | |

报销项目	摘　要	金　额	备　注
支付维修人员工资		**￥200.00**	
合　　　计		**￥200.00**	
金额大写: **零拾 零万 零仟 贰佰 零拾 零元 零角 零分**	原借款: **￥0.00** 元	应退(补)款: **￥200.00** 元	
总经理:(略)　财务经理:(略)　部门经理:(略)　会计:(略)　出纳:(略)　报销人: **那雷**			

（现金付讫）

图 1-22　[1 月 15 日业务]原始凭证 3

（14）1 月 15 日，开出转账支票支付北京伟星塑料制品有限公司加工费。取得相关凭证如图 1-23～图 1-25 所示。

总账:
业务处理 14

总账:
业务处理 15

总账:
业务处理 16

总账:
业务处理 17

图 1-23　[1 月 15 日业务]原始凭证 4

（15）1 月 16 日，一车间生产 3 kg 瓶装洗衣液领用原材料（成本计算不考虑应付款管理系统采购业务的影响）。取得相关凭证如图 1-26 所示。

（16）1 月 17 日，二车间生产 1.8 kg 瓶装洗洁精领用材料（成本计算不考虑应付款管理系统采购业务的影响）。取得相关凭证如图 1-27 所示。

（17）1 月 18 日，采购部赵新民报销差旅费，余款退回。取得相关凭证如图 1-28 所示。

1

付 款 审 批 单

2023 年　01 月　15 日

收款单位	北京伟星塑料制品有限公司		申请部门	采购部
开户行	中国工商银行北京市海淀支行		经手人	赵新民
账　号	3104879562012388875		付款方式	转账支票
付款用途	支付包装材料加工费用			
付款金额	人民币(大写)	壹仟壹佰叁拾圆整	小写	￥1130.00
总经理	财务负责人	部门负责人		出纳
李金泽	李明	赵新民		李朋

会计主管：（略）　　审核：（略）　　　出纳：（略）　　　制单：（略）

图 1-24　[1 月 15 日业务]原始凭证 5

交通银行
转账支票存根
30101127

32100033

附加信息

_____

_____

出票日期 2023 年 01 月 15 日

收款人：北京伟星塑料制品
有限公司

金　额：￥1130.00

用　途：支付加工费

单位主管（略）会计 （略）

图 1-25　[1 月 15 日业务]原始凭证 6

领 料 单

领料部门：一车间

用　　途：生产3kg瓶装洗衣液　　　　　2023 年 01 月 16 日　　　　　单号：4392

材　料			单位	数　量		成　本										
						单价	金　额									
编号	名　称	规格		请领	实发		百	十	万	千	百	十	元	角	分	会
1	碳酸		千克	40000	40000											计
2	碳酸钠		千克	18000	18000											联
	合计			58000	58000	—										

部门经理：（略）　　　　会计：（略）　　　　仓库：（略）　　　　经办人：（略）

图 1 - 26　［1 月 16 日业务］原始凭证

领 料 单

领料部门：二车间

用　　途：生产1.8kg瓶装洗洁精　　　　　2023 年 01 月 17 日　　　　　单号：4393

材　料			单位	数　量		成　本										
						单价	金　额									
编号	名　称	规格		请领	实发		百	十	万	千	百	十	元	角	分	会
1	碳酸		千克	20000	20000											计
2	碳酸钠		千克	30000	30000											联
	合计			50000	50000	—										

部门经理：（略）　　　　会计：（略）　　　　仓库：（略）　　　　经办人：（略）

图 1 - 27　［1 月 17 日业务］原始凭证

差旅费报销单

2023 年 01 月 18 日

所属部门	采购部			出差天数	自 01 月 04 日 至 01 月 07 日　　共 4 天			
姓　名	赵新民			出差事由	洽谈采购事宜			
出发		到达		起止地点	交通费	住宿费	伙食费	其 他
月	日	月	日					
01	04	01	04	北京－天津	150.00	200.00	100.00	
01	07	01	07	天津－北京	150.00			
报销总额	人民币陆佰元整			¥600.00	借支旅费	日期	2023年01月03日	补领金额 —
						金额	¥1000.00	退还金额 ¥400.00

现金付讫

图 1 - 28　［1 月 18 日业务］原始凭证

1

（18）1月19日，一车间、二车间领用磺酸，用于车间一般耗用（成本计算不考虑应付款管理系统采购业务的影响）。取得相关凭证如图1-29、图1-30所示。

总账：
业务处理 18

领 料 单

| 领料部门：一车间 | | | | | | | | | |
| 用　途：车间一般耗用 | | | 2023 年 01 月 19 日 | | | | 单号：4395 | | |

图 1-29　［1 月 19 日业务］原始凭证 1

总账：
业务处理 19

总账：
业务处理 20

领 料 单

| 领料部门：二车间 | | | | | | | | | |
| 用　途：车间一般耗用 | | | 2023 年 01 月 19 日 | | | | 单号：4396 | | |

图 1-30　［1 月 19 日业务］原始凭证 2

总账：
业务处理 21

总账：
业务处理 22

（19）1月20日，二车间发生设备修理费。取得相关凭证如图1-31～图1-33所示。

（20）1月20日，收回委托加工的包装材料，办妥接收入库手续。取得相关凭证如图1-34所示。

（21）1月21日，向北京市海淀区环境保护局支付污染费罚款。取得相关凭证如图1-35、图1-36所示。

（22）1月22日，从交通银行北京市左家庄支行购入现金支票和转账支票各一本，款项直接从单位账户上扣除。取得相关凭证如图1-37、图1-38所示。

1

北京增值税专用发票

1100401293　　№85433278　　1100401293 85433278

发票联

开票日期：2023年01月20日

购买方	名称：北京市大洋科技有限公司 纳税人识别号：911100227300202776 地址、电话：北京市海淀区上地东路77号，010-87741816 开户行及账号：交通银行北京市左家庄支行，779104180616112332l				密码区	48*7>+>-2/3-65745<14539458<3844530481<194 9875/3750384<1948*7>+>-2//51948*7>+>55445 45987>*8574<194561948*7>+>7-7<8*873/+<424 57913-30011521948*7>+><191948*7>+>142>>8-	
货物或应税劳务、服务名称	规格型号	单位	数量	单价	金额	税率	税额
*劳务*设备修理费		小时	1	2300.00	2300.00	13%	299.00
合计					¥2300.00		¥299.00
价税合计（大写）	⊗贰仟伍佰玖拾玖圆整				（小写）¥2599.00		
销售方	名称：北京日诚设备维修有限公司 纳税人识别号：911100405215963692 地址、电话：北京市东城区香河园路141号，010-75671282 开户行及账号：交通银行北京市东城支行，6225000085652456256				备注		

收款人：（略）　复核：（略）　开票人：（略）　销售方：（章）

税总函【2022】562号海南华森实业公司

第三联：发票联　购买方记账凭证

（印章：全国统一发票监制章 北京 国家税务总局监制）

（印章：北京日诚设备维修有限公司 911100405215963692 发票专用章）

图 1－31　[1 月 20 日业务]原始凭证 1

付　款　审　批　单

2023 年　01 月　20 日

收款单位	北京日诚设备维修有限公司		申请部门	采购部
开户行	交通银行北京市东城支行		经手人	赵新民
账号	6225000085652456256		付款方式	转账支票
付款用途	支付二车间设备维修费			
付款金额	人民币（大写）	贰仟伍佰玖拾玖圆整	小写	¥2599.00

总经理	财务负责人	部门负责人	出纳
李金泽	李明	赵新民	李朋

会计主管：（略）　审核：（略）　出纳：（略）　制单：（略）

图 1－32　[1 月 20 日业务]原始凭证 2

1

交通银行
转账支票存根
30101127
32100035

附加信息
_____
_____

出票日期 2023 年 01 月 20 日

收款人：北京日诚设备维修
有限公司

金　额：￥2599.00

用　途：支付设备修理费

单位主管（略）会计（略）

图 1-33　[1 月 20 日业务]原始凭证 3

入 库 单

2023 年 01 月 20 日　　　　单号 2479

交来单位及部门	北京伟至塑料制品有限公司	发票号码或生产单号码		签收仓库	周转材料库	入库日期	2023年01月20日
编号	名称及规格	单位	数量（交库 / 实收）		单价	金额	备注
1	包装材料	条	6000	6000			
	合　　　计		6000	6000	—		

部门经理：（略）　　　　会计：（略）　　　　仓库：（略）　　　　经办人：（略）

图 1-34　[1 月 20 日业务]原始凭证 4

付 款 审 批 单

2023 年　01 月　21 日

收款单位	北京市海淀区环境保护局	申请部门	采购部
开户行	中国建设银行北京市海淀支行	经手人	赵新民
账号	3258654965239525567	付款方式	转账支票
付款用途	支付污染费罚款		
付款金额 人民币（大写）	壹仟圆整	小写	￥1000.00
总经理	财务负责人	部门负责人	出纳
李金泽	李明	赵新民	李朋

会计主管：（略）　　审核：（略）　　　出纳：（略）　　　　制单：（略）

图 1-35　[1 月 21 日业务]原始凭证 1

图 1－36　［1 月 21 日业务］原始凭证 2

图 1－37　［1 月 22 日业务］原始凭证 1

1

BCM 交通银行

收费凭证（手续费）

交易日期：2023-01-22　　　　流水号：48968795

费用名称：空白支票簿工本费

付款人户名：北京市大洋科技有限公司

付款人账号：7791041806161123321

付款人开户行：交通银行北京市左家庄支行

币种：人民币　　　　金额（小写）￥50.00

金额（大写）伍拾元整

摘要：扣划领用空白支票款

打印次数：1次　机打回单注意重复打印日期：2023-01-22　打印柜员：000654　验证码：df876715

交通银行北京市左家庄支行 2023.01.22 转讫

图 1－38　[1 月 22 日业务]原始凭证 2

(23) 1 月 25 日，开出转账支票向北京市海淀区红十字基金会捐款。取得相关凭证如图 1－39～图 1－41 所示。

总账：
业务处理 23

公益事业捐赠统一票据

UNIFIED INVOICE OF DONATION FOR PUBLIC WELFARE

国财 00202　　　　2023年 01月 25日　　　　No 50789713

捐赠人Donor：北京市大洋科技有限公司　　　　Y M D

捐赠项目 For purpose	实物（外币）种类 Material objects(Currency)	数量 Amount	金额 Total amount
希望工程	人民币		10000.00
金额合计（小写）In Figures			￥10000.00
金额合计（大写）In Words 人民币壹万元整			

第二联 收据

接受单位（盖章）：Receiver's Seal　　复核人：略 Verified by　　开票人：略 Handling Person

北京市海淀区红十字基金会

感谢您对公益事业的支持！Thank you for support of public welfare!

图 1－39　[1 月 25 日业务]原始凭证 1

1

付 款 审 批 单

2023 年 01 月 25 日

收款单位	北京市海淀区红十字基金会	申请部门	采购部
开户行	中国农业银行北京市海淀支行	经手人	赵新民
账 号	9566595557487987551	付款方式	转账支票
付款用途	向红十字会捐款		

付款金额	人民币(大写)	壹万圆整	小写	¥10000.00

总经理	财务负责人	部门负责人	出纳
李金泽	李明	赵新民	李朋

会计主管：（略） 审核：（略） 出纳：（略） 制单：（略）

图 1-40 ［1 月 25 日业务］原始凭证 2

交通银行
转账支票存根
30101127

32100038

附加信息

出票日期 2023 年 01 月 25 日

收款人: 北京市海淀区红十字基金会

金 额: ¥10000.00

用 途: 捐款

单位主管（略）会计（略）

图 1-41 ［1 月 25 日业务］原始凭证 3

1

（24）1月26日，摊销本月无形资产——专利权（摊销费用计入总经理室）。取得相关凭证如图1-42所示。

总账：
业务处理24

无 形 资 产 摊 销 表

2023 年 01 月 26 日　　　　　　　　　　　　　单位：元

项　目	原　值	购入日期	应摊销月数	已摊销额	本月摊销额	累计摊销额	未摊销额
专利权	120000.00	2018.01.12	120	60000.00	1000.00	61000.00	59000.00
合　计	120000.00	—	—	60000.00	1000.00	61000.00	59000.00

审核：（略）　　　　　　　　　　　　　　　制表人：（略）

图 1-42　[1 月 26 日业务]原始凭证

（25）1月27日，月末盘点发现盘亏磺酸20千克，原因待查（成本计算不考虑应付款管理系统采购业务的影响）。取得相关凭证如图1-43、图1-44所示。

总账：
业务处理25

存 货 盘 点 表

盘点仓库：原材料库　　　　　　盘点日期：2023.01.27　　　　　　盘点人：王静

序号	商品名称	规格型号	账面		盘盈	盘亏	实盘	
			数量	金额	数量	数量	数量	金额
1	磺酸		9950			20	9930	
合　计			—	—	—	—	—	—

以上"金额"均为原值

图 1-43　[1 月 27 日业务]原始凭证 1

出　库　单

出货单位：北京市大洋科技有限公司　　　　　2023 年 01 月 27 日　　　　　单号：5014

提货单位或领货部门	盘亏		销售单号		发出仓库	原材料库	出库日期	2023年01月27日
编号	名称及规格		单位	数量应发	数量实发	单价	金额	
1	磺酸		千克	20	20			
	合计			20	20	—		

部门经理：（略）　　　会计：（略）　　　仓库：（略）　　　经办人：（略）

图 1-44　[1 月 27 日业务]原始凭证 2

（26）1 月 27 日，盘亏存货报批入库。取得相关凭证如图 1-45 所示。

存货盘盈/亏处理报告表

企业名称：北京市大洋科技有限公司　　　2023 年　　01 月　　27 日　　　　　单位：元

名称和规格	计量单位	单价	数量账存	数量实存	盘盈数量	盘盈金额	盘亏数量	盘亏金额	差异原因
磺酸	千克	8.00	9950	9930			20	160.00	非常损失

财务部门建议处理意见：损失列入营业外支出

单位主管部门批复处理意见：同意

批准人：（略）　　　审批人：（略）　　　部门负责人：（略）　　　制单：（略）

图 1-45　[1 月 27 日业务]原始凭证 3

（27）1 月 30 日，本月购入的五矿发展的股票收盘价为 4.8 元/股。取得相关凭证如图 1-46 所示。

（28）1 月 30 日，开出现金支票发放职工工资。取得相关凭证如图 1-47 所示。

（29）1 月 31 日，开出转账支票采购工作服。取得相关凭证如图 1-48～图 1-51 所示。

总账：业务处理 26

总账：业务处理 27

总账：业务处理 28

总账：业务处理 29

交易性金融资产公允价值变动计算表

2023 年 01 月 30 日

名 称	调整前账面价值			期末公允价值	公允价值增(+)减(−)变动
	成 本	公允价值变动			
		借 方	贷 方		
五矿发展	500000.00			480000.00	−20000.00
合 计	500000.00	0.00	0.00	480000.00	−20000.00

审核人：（略） 制单人：（略）

图 1-46 ［1 月 30 日业务］原始凭证 1

交通银行
现金支票存根
30101115

26410024

附加信息

出票日期 2023 年 01 月 30 日

收款人：北京市大洋科技有限公司

金 额：￥110230.00

用 途：发放职工工资

单位主管（略）会计（略）

图 1-47 ［1 月 30 日业务］原始凭证 2

1

1100508553　　北京增值税专用发票　　№70742518　　1100508553　70742518

发票联

开票日期：2023年01月31日

购买方	名　　称：北京市大洋科技有限公司 纳税人识别号：911100227300202776 地 址、电 话：北京市海淀区上地东路77号，010-87741816 开户行及账号：交通银行北京市左家庄支行，7791041806161123321	密码区	48*7>+>-2/3-65745<14539458<3844530481<194 9875/3750384<1948*7>+>-2//51948*7>+>55445 45987>*8574<194561948*7>+>7-7<8*873/+<424 57913-30011521948*7>+><191948*7>+>142>>8-

货物或应税劳务、服务名称	规格型号	单位	数量	单价	金额	税率	税额
*服装*工作服		套	30	80.00	2400.00	13%	312.00
合　　计					￥2400.00		￥312.00
价税合计（大写）	⊗贰仟柒佰壹拾贰圆整				（小写）￥2712.00		

销售方	名　　称：北京翔安劳保用品有限公司 纳税人识别号：911100505102692587 地 址、电 话：北京市丰台区丽泽路45号，010-87742596 开户行及账号：交通银行北京市丰台支行，7791041802012389654	备注	北京翔安劳保用品有限公司 911100505102692587 发票专用章

收款人：（略）　复核：（略）　开票人：（略）　销售方：（章）

税总函〔2022〕561号海南华森实业公司

第三联：发票联　购买方记账凭证

图 1-48　[1 月 31 日业务]原始凭证 1

付　款　审　批　单

2023 年　01 月　31 日

收款单位	北京翔安劳保用品有限公司		申请部门	采购部
开户行	交通银行北京市丰台支行		经手人	赵新民
账　号	7791041802012389654		付款方式	转账支票
付款用途	支付购买工作服货款			
付款金额	人民币（大写）	贰仟柒佰壹拾贰圆整	小写	￥2712.00

总经理	财务负责人	部门负责人	出纳
李金泽	李明	赵新民	李朋

会计主管：（略）　审核：（略）　出纳：（略）　制单：（略）

图 1-49　[1 月 31 日业务]原始凭证 2

1

图 1-50　[1月31日业务]原始凭证3

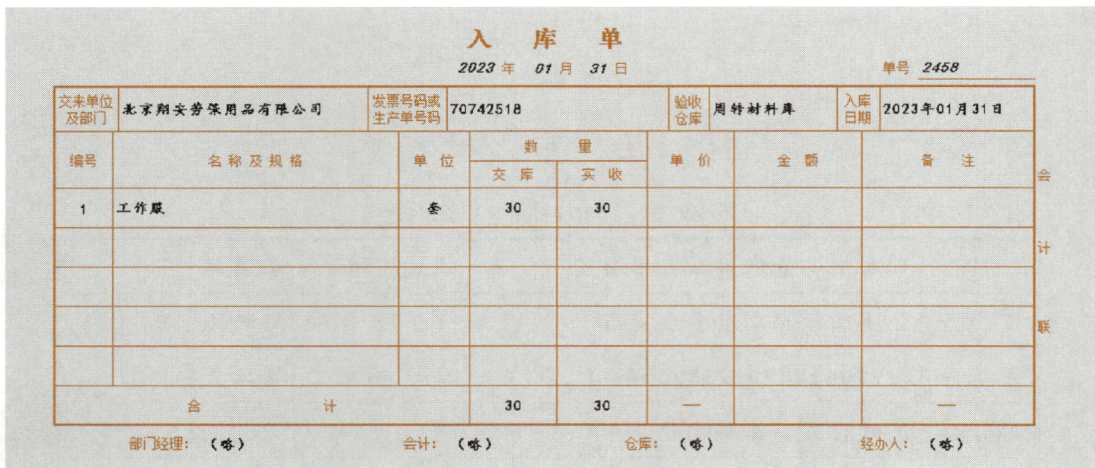

图 1-51　[1月31日业务]原始凭证4

2. 对所建立的账套的记账凭证进行出纳签字

3. 对所建立的账套的记账凭证进行审核签字

4. 对所建立的账套的记账凭证进行记账处理

5. 差错更正

1月31日，出纳员经过对账后发现1月18日采购部赵新民报销差旅费凭证有错误，实际报销960元，退回现金40元。而凭证误操作为收回现金400元。

6. 备份账套数据

在D盘"实训账套"文件夹下建立"1-3-2"文件夹，将账套备份至此文件夹。

三、出纳管理

〖**实训目的**〗

（1）掌握用友 U8 V10.1 软件中出纳管理的相关内容。

（2）熟悉 U8 V10.1 软件中出纳管理的各种操作。

（3）掌握现金、银行存款日记账和资金日报表的查询和银行对账的基本操作。

〖**实训准备与要求**〗

（1）修改系统时间为 2023 年 1 月 31 日。

（2）引入"D:\实训账套\1-3-2"文件夹中账套备份数据。

（3）以"W03 李朋"的身份进行出纳管理的操作，以"W01 学生学号"的身份查询总账。

〖**实训内容与实训资料**〗

1. 查询相关账表

（1）查询 2023 年 1 月的现金日记账并将月末余额与总账相核对。

（2）查询 2023 年 1 月的银行存款日记账。

（3）查询 2023 年 1 月 6 日的资金日报表。

2. 进行银行对账

（1）银行对账期初资料如表 1-22 所示。

表 1-22　银行对账期初资料　　　　　　单位：元

银行对账启用日期	2023 年 1 月 1 日		
单位日记账账面余额	827 968	银行对账单账面余额	820 000
加：银行已收，企业未收		加：企业已收，银行未收	7 968
		2022.12.30 记-36，转账支票，32100022	7 968
减：银行已付，企业未付		减：企业已付，银行未付	
调整后余额	827 968	调整后余额	827 968

（2）2023 年 1 月银行对账单相关信息如表 1-23 所示。

表 1-23　2023 年 1 月银行对账单

账号：77910418061611...		户名：北京市大洋科技有限公司		
起止日期：20230101-20230131		币种：人民币		单位：元
日　期	结算方式	票　号	借方金额	贷方金额
2023.01.01	202	32100022	7 968	
2023.01.01	202	32100028		3 390
2023.01.02	201	26410023		2 000
2023.01.04	9	0100405		10 000
2023.01.05	9	0100507		2 000
2023.01.06	9	0100609		2 750

总账：总账与日记账核对

总账：查询银行存款日记账

总账：查询资金日报表

总账：银行对账单期初余额录入

总账：银行对账单录入

续　表

日　期	结算方式	票　号	借方金额	贷方金额
2023.01.07	202	32100031		226
2023.01.09	202	32100032		218
2023.01.14	9		10 000	
2023.01.15	202	32100033		1 130
2023.01.20	202	32100035		2 599
2023.01.21	202	32100036		1 000
2023.01.22	9			50
2023.01.25	202	32100038		10 000
2023.01.30	201	26410024		110 230
2023.01.31	202	32100185	3 000	

（3）执行 2023 年 1 月交通银行自动对账操作。

（4）查询 2023 年 1 月交通银行存款的银行存款余额调节表。

（5）查找自动对账后仍属于未达账项的记录,查询原因,并对属于已达账项的记录进行手动对账处理。

（6）核销已达账项。

3. 备份账套数据

在 D 盘"实训账套"文件夹下建立"1-3-3"文件夹,将账套备份至此文件夹。

实训四　应收款管理系统业务处理

〖实训目的〗

（1）掌握应收款管理系统初始设置。

（2）掌握应收款管理系统日常业务处理及月末处理,应收款管理系统数据查询的操作。

〖实训准备与要求〗

（1）修改系统时间为 2023 年 1 月 1 日。

（2）引入"D:\实训账套\1-3-3"文件夹中账套备份数据。

（3）以"W01 学生学号"的身份启用应收款管理系统,启用时间为 2023 年 1 月 1 日,进行开户银行档案设置、付款条件设置、应收款管理系统初始设置。

（4）以"W03 李朋"的身份完成收款单据的录入、票据管理。

（5）以"W02 学生姓名"的身份完成应收款管理系统的其他业务处理。

（6）按业务发生日期逐笔审核应收单及收款单,并生成凭证。

〖实训内容与实训资料〗

一、补充基础信息

（1）设置本单位开户银行档案,相关资料如表 1-24 所示。

表 1-24　本单位开户银行档案

项　目	内　容
编码	001
银行账号	77910418061611123321
账户名称	北京市大洋科技有限公司
开户日期	2018 年 1 月 1 日
币种	人民币
开户银行	交通银行北京市左家庄支行
所属银行	交通银行

（2）设置付款条件，相关资料如表 1-25 所示。

表 1-25　付 款 条 件

付款条件编码	信用天数	优惠天数 1	优惠率 1	优惠天数 2	优惠率 2
01	30	10	2	20	1
02	60	20	2	30	1

二、应收款管理系统初始设置

（1）设置应收款管理系统业务参数，相关参数信息如表 1-26 所示。

表 1-26　应收款管理系统相关参数信息

常　规	单据审核日期依据：单据日期 坏账处理方式：应收余额百分比 选中"自动计算现金折扣" 其他采用系统默认设置
凭　证	受控科目制单方式：明细到单据 其他采用系统默认设置
权限与预警	采用系统默认设置
核销设置	采用系统默认设置

（2）设置相关会计科目。应收款管理系统应设置的相关会计科目信息如表 1-27 所示。

表 1-27　应收款管理系统科目设置信息

	基础科目种类	科　目	币　种
基本科目设置	应收科目	1122	人民币
	预收科目	2204	人民币
	税金科目	22210105	人民币
	销售收入科目	6001	人民币
	销售退回科目	6001	人民币

1

续　表

基础科目种类		科　目	币　种
基本科目设置	银行承兑科目	1121	人民币
	商业承兑科目	1121	人民币
	现金折扣科目	6603	人民币
	票据利息科目	6603	人民币
	票据费用科目	6603	人民币
	收支费用科目	6603	人民币
结算方式科目设置	结　算　方　式	币　种	科　目
	1 现金结算	人民币	1001
	201 现金支票	人民币	100201
	202 转账支票	人民币	100201
	4 电汇	人民币	100201
	9 其他	人民币	100201

（3）设置坏账准备。坏账准备提取比例：0.5％；坏账准备期初余额：1 243 元；坏账准备科目：1231；对方科目：6702。

（4）单据格式设置。销售专用发票、销售普通发票表头删除"销售类型"项目。

（5）单据编号设置。允许手工修改销售专用发票、销售普通发票的单据编号，且重号时自动重取。

（6）录入应收款管理系统的期初余额并与总账对账，相关的期初余额信息如表 1-28、表 1-29 所示。

表 1-28　应收票据（1121）——银行承兑汇票期初余额

日　期	凭证号	客　户	摘　要	方向	期初余额/元
2022-12-19	记-20	芜湖鑫科日用品商贸有限公司	销售 3 kg 瓶装洗衣液，5 000 瓶，75 元/瓶，票据号 46987532，到期日：2023-1-19，承兑银行：中国建设银行，票面利率 8％	借	423 750

表 1-29　应收账款（1122）——增值税专用发票期初余额

日　期	凭证号	客　户	摘　要	方向	金额/元
2022-12-10	记-34	合肥福耀日用品商贸有限公司	销售 3 kg 瓶装洗衣液，2 000 瓶，75 元/瓶，票据号 36951239	借	169 500
2022-12-12	记-56	上海百信超市有限公司	销售 1.8 kg 瓶装洗洁精，2 000 瓶，35 元/瓶，票据号 36951248	借	79 100

三、应收款管理系统日常业务处理

（1）1 月 1 日，收到福耀商贸 2022 年 12 月 10 日向本公司购买瓶装洗衣液的货款。取得相关凭证如图 1-52 所示。

图 1-52 ［1 月 1 日业务］原始凭证

（2）1 月 3 日，向鑫科商贸销售 1.8 kg 瓶装洗洁精，货款尚未收到，运输费由本公司代垫。取得相关凭证如图 1-53～图 1-57 所示。

图 1-53 ［1 月 3 日业务］原始凭证 1

1

1100227036 **北京增值税专用发票** №98096801 1100227036 98096801

此联不作报销、扣税凭证使用

开票日期：2023年01月03日

购买方	名称：芜湖鑫科日用品商贸有限公司 纳税人识别号：913400207357569872 地址、电话：安徽省芜湖市弋江区滨江路66号，0553-3522888 开户行及账号：中国建设银行芜湖市弋江支行，1307310182600029635	密码区	48*7>+>-2/3-65745<14539458<3844530481<194 9875/3750384<1948*7>+>-2//51948*7>+>55445 45987>*8574<194561948*7>+>7-7<8*873/+<424 57913-30011521948*7>+><191948*7>+>142>>8-

货物或应税劳务、服务名称	规格型号	单位	数量	单价	金额	税率	税额
*洗涤剂*1.8kg瓶装洗洁精		瓶	800	35.00	28000.00	13%	3640.00
合计					¥28000.00		¥3640.00
价税合计（大写）	⊗叁万壹仟陆佰肆拾圆整				（小写）¥31640.00		

销售方	名称：北京市大洋科技有限公司 纳税人识别号：911100227300202776 地址、电话：北京市海淀区上地东路77号，010-87741816 开户行及账号：交通银行北京市左家庄支行，779104180616112332 1	备注	北京市大洋科技有限公司 911100227300202776 发票专用章

收款人：（略） 复核：（略） 开票人：（略） 销售方：（章）

第一联：记账联 销售方记账凭证

税总函【2022】561号

图 1－54 ［1 月 3 日业务］原始凭证 2

出 库 单

出货单位：北京市大洋科技有限公司 2023 年 01 月 03 日 单号：3074

提货单位或领货部门	芜湖鑫科日用品商贸有限公司	销售单号	98096801	发出仓库	商品库	出库日期	2023年01月03日

编号	名称及规格	单位	数量 应发	数量 实发	单价	金额
1	1.8kg瓶装洗洁精	瓶	800	800		
合计			800	800	—	

部门经理：（略） 会计：（略） 仓库：（略） 经办人：（略）

会计联

图 1－55 ［1 月 3 日业务］原始凭证 3

付 款 审 批 单

2023 年 01 月 03 日

收款单位	北京安顺运输有限公司	申请部门	销售部
开户行	中国建设银行北京市东城支行	经手人	李涛
账 号	6540100125896454585	付款方式	转账支票
付款用途	支付代垫运费		
付款金额	人民币(大写) 伍佰肆拾伍圆整	小写	¥545.00

总经理	财务负责人	部门负责人	出纳
李金泽	李明	李涛	李朋

会计主管：（略） 审核：（略） 出纳：（略） 制单：（略）

图 1-56 ［1 月 3 日业务]原始凭证 4

交通银行
转账支票存根
30101127
32100029

附加信息 _____

_____

出票日期 2023 年 01 月 03 日

收款人:	北京安顺运输有限公司
金 额:	¥545.00
用 途:	支付代垫运费

单位主管（略）会计（略）

图 1-57 ［1 月 3 日业务]原始凭证 5

（3）1月4日，向福耀商贸销售3 kg瓶装洗衣液，收到对方开来的银行承兑汇票。取得相关凭证如图1-58～图1-60所示。

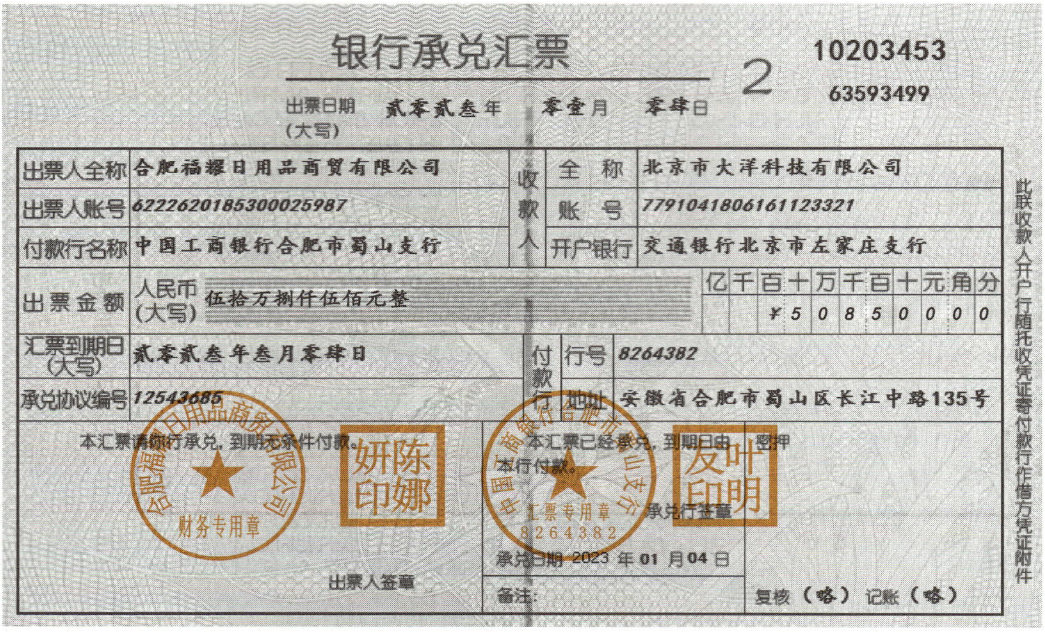

图1-58　［1月4日业务］原始凭证1

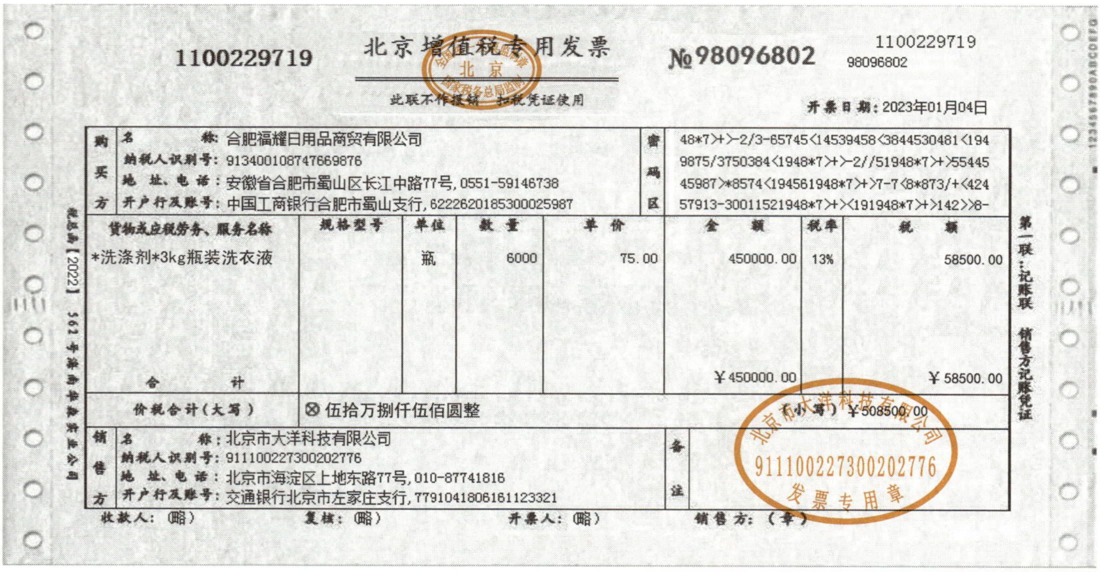

图1-59　［1月4日业务］原始凭证2

1

出 库 单

出货单位：北京市大洋科技有限公司　　　　2023 年 01 月 04 日　　　　单号：3246

提货单位 或 领货部门	合肥福耀日用品商贸有限公司	销售 单号	98096802	发出 仓库	商品库	出库 日期	2023年01月04日

编　号	名称及规格	单位	数　量		单价	金　额
			应发	实发		
1	3kg瓶装洗衣液	瓶	6000	6000		
	合计		6000	6000	—	

部门经理：（略）　　　会计：（略）　　　仓库：（略）　　　经办人：（略）

图 1-60　[1 月 4 日业务]原始凭证 3

（4）1 月 8 日，向百信超市销售 3 kg 瓶装洗衣液、1.8 kg 瓶装洗洁精，销售合同上规定现金折扣条件为 2/10, 1/20, n/30。现金折扣不考虑增值税。取得相关凭证如图 1-61、图 1-62 所示。

应收款管理：
业务处理 4

北京增值税专用发票

1100224353　　　　　　　　　　　　№98096803　　　1100224353
　　　　　　　　　北京　　　　　　　　　　　　　　　98096803
此联不作报销　报税凭证使用
　　　　　　　　　　　　　　　　　　开票日期：2023年01月08日

购买方	名　称：上海百信超市有限公司 纳税人识别号：913100108652206978 地址、电话：上海市黄浦区凤阳路418号，021-36998846 开户行及账号：中国农业银行上海市黄浦支行，6871620185600025961	密码区	48*7*/+-2/3-65745<14539458<3844530481<194 9875/3750384<1948*7*/+-2//51948*7*/>55445 45987*8574<194561948*7*/>7-7<8*873/+<424 57913-30011521948*7*/>191948*7*/>142/>8-

货物或应税劳务、服务名称	规格型号	单位	数量	单价	金　额	税率	税　额
*洗涤剂*3kg瓶装洗衣液		瓶	3000	75.00	225000.00	13%	29250.00
*洗涤剂*1.8kg瓶装洗洁精		瓶	600	35.00	21000.00	13%	2730.00
合　计					￥246000.00		￥31980.00
价税合计（大写）	⊗贰拾柒万柒仟玖佰捌拾圆整				（小写）￥277980.00		

销售方	名　称：北京市大洋科技有限公司 纳税人识别号：911100227300202776 地址、电话：北京市海淀区上地东路77号，010-87741816 开户行及账号：交通银行北京市左家庄支行，7791041806161123321	备注	

收款人：（略）　　　复核：（略）　　　开票人：（略）　　　销售方：（章）

图 1-61　[1 月 8 日业务]原始凭证 1

（5）1 月 12 日，销售给鑫科商贸的部分瓶装洗洁精有质量问题，双方协商退货，已开具红字发票。取得相关凭证如图 1-63、图 1-64 所示。

应收款管理：
业务处理 5

出 库 单

出货单位：北京市大洋科技有限公司			2023 年 01 月 08 日			单号：*3883*	
提货单位或领货部门	上海百信超市有限公司	销售单号	98096803	发出仓库	商品库	出库日期	2023年01月08日
编号	名称及规格	单位	数量		单价	金额	
			应发	实发			
1	3kg瓶装洗衣液	瓶	3000	3000			
2	1.8kg瓶装洗洁精	瓶	600	600			
	合计		3600	3600	—		
部门经理：（略）		会计：（略）		仓库：（略）		经办人：（略）	

图 1-62 ［1 月 8 日业务］原始凭证 2

图 1-63 ［1 月 12 日业务］原始凭证 1

（6）1 月 13 日，预收福耀商贸货款。取得相关凭证如图 1-65 所示。

（7）1 月 15 日，向福耀商贸销售 3 kg 瓶装洗衣液。取得相关凭证如图 1-66、图 1-67 所示。

应收款管理：业务处理 6

应收款管理：业务处理 7

1

出　库　单

出货单位：北京市大洋科技有限公司　　　　　2023 年 01 月 12 日　　　　　　单号：6128

提货单位或领货部门	芜湖鑫科日用品商贸有限公司	销售单号	98096804	发出仓库	商品库	出库日期	2023年01月12日
编　号	名称及规格	单位	应发	实发	单价	金　额	
1	1.8kg瓶装洗洁精	瓶	-50	-50			
	合计		-50	-50	—		

部门经理：（略）　　　　会计：（略）　　　　仓库：（略）　　　　经办人：（略）

图 1-64　[1 月 12 日业务]原始凭证 2

BCM 交通银行

业务回单（收款）

入账时间：2023-01-13　　　　　回单编号：20633354

付款人户名：合肥福耀日用品商贸有限公司
付款人账号：6222620185300025987
付款人开户行（发报行）：中国工商银行合肥市蜀山支行
收款人户名：北京市大洋科技有限公司
收款人账号：7791041806161123321
收款人开户行（发报行）：交通银行北京市左家庄支行
币种：人民币　　　　金额（小写）　￥10000.00
金额（大写）壹万圆整
凭证种类：0　　　凭证号码：60743
业务（产品）种类：电汇　　　摘要：订金　　　　渠道：柜台交易
交易机构号：0022234340221　　　记账柜员号：121042　　　交易代码：980989　　　用途：
附言：订金
支付交易序号：690553　　　报文种类：CWT100　　　委托日期：2023-01-13
业务种类：
打印次数：1次　　机打回单注意重复打印日期：2023-01-13　　打印柜员：000654　　验证码：df978757

（交通银行北京市左家庄支行　2023.01.13　转讫）

图 1-65　[1 月 13 日业务]原始凭证

图 1-66　[1月15日业务]原始凭证 1

图 1-67　[1月15日业务]原始凭证 2

　　(8) 1月17日,收到百信超市2023年1月8日向本公司购买瓶装洗衣液及瓶装洗洁精的货款。取得相关凭证如图1-68所示。

　　(9) 1月18日,收到福耀商贸2023年1月15日向本公司购买瓶装洗衣液货款,1月13日已预收部分款项。取得相关凭证如图1-69所示。

　　(10) 1月19日,票号为46987532的银行承兑汇票到期,收到银行转来的结算款项。取得相关凭证如图1-70所示。

　　(11) 1月22日,收到百信超市2022年12月12日向本公司购买瓶装洗衣液货款。取得相关凭证如图1-71所示。

BCM 交通银行

业务回单（收款）

入账时间： 2023-01-17　　　　　　　　回单编号： 98726548

付款人户名： 上海百信超市有限公司

付款人账号： 6871620185600025961

付款人开户行（发报行）： 中国农业银行上海市黄埔支行

收款人户名： 北京市大洋科技有限公司

收款人账号： 7791041806161123321

收款人开户行（发报行）： 交通银行北京市左家庄支行

币种： 人民币　　　　　　　金额（小写）　￥273060.00

金额（大写） 贰拾柒万叁仟零陆拾圆整

凭证种类： 0　　　　凭证号码： 58122

业务（产品）种类： 电汇　　　　摘要： 货款　　　　　　　　　渠道： 柜台交易

交易机构号： 0022234340221　　记账柜员号： 121042　　交易代码： 473802　　用途：

附言： 货款

支付交易序号： 828152　　　　报文种类： CWT100　　　委托日期： 2023-01-17

业务种类：

打印次数： 1次　　机打回单注意重复打印日期： 2023-01-17　　打印柜员： 000654　　验证码： df822182

图 1-68　[1 月 17 日业务]原始凭证

BCM 交通银行

业务回单（收款）

入账时间： 2023-01-18　　　　　　　　回单编号： 65873265

付款人户名： 合肥福耀日用品商贸有限公司

付款人账号： 6222620185300025987

付款人开户行（发报行）： 中国工商银行合肥市蜀山支行

收款人户名： 北京市大洋科技有限公司

收款人账号： 7791041806161123321

收款人开户行（发报行）： 交通银行北京市左家庄支行

币种： 人民币　　　　　　　金额（小写）　￥74750.00

金额（大写） 柒万肆仟柒佰伍拾圆整

凭证种类： 0　　　　凭证号码： 43575

业务（产品）种类： 电汇　　　　摘要： 货款　　　　　　　　　渠道： 柜台交易

交易机构号： 0022234340221　　记账柜员号： 121042　　交易代码： 321698　　用途：

附言： 货款

支付交易序号： 306582　　　　报文种类： CWT100　　　委托日期： 2023-01-18

业务种类：

打印次数： 1次　　机打回单注意重复打印日期： 2023-01-18　　打印柜员： 000654　　验证码： df248692

图 1-69　[1 月 18 日业务]原始凭证

1

BCM ▲ 交通银行

业务回单（收款）

入账时间：　2023-01-19　　　　　　　回单编号：　46987532

付款人户名：　芜湖鑫科日用品商贸有限公司

付款人账号：　1307310182600029635

付款人开户行（发报行）：　中国建设银行芜湖市弋江支行

收款人户名：　北京市大洋科技有限公司

收款人账号：　7791041806161123321

收款人开户行（发报行）：　交通银行北京市左家庄支行

币种：人民币　　　　　　　金额（小写）　￥426669.17

金额（大写）肆拾贰万陆仟陆佰陆拾玖圆壹角柒分

凭证种类：0　　　　凭证号码：　83024

业务（产品）种类：电汇　　　　摘要：票据款　　　　　渠道：柜台交易

交易机构号：0022234340221　　记账柜员号：121042　　交易代码：859023　　用途：

附言：票据款

支付交易序号：　956464　　　　报文种类：CWT100　　　委托日期：　2023-01-19

业务种类：

打印次数：1次　　机打回单注意重复打印日期：2023-01-19　　打印柜员：000654　　验证码：df973532

图 1-70　[1 月 19 日业务]原始凭证

BCM ▲ 交通银行

业务回单（收款）

入账时间：　2023-01-22　　　　　　　回单编号：　54876215

付款人户名：　上海百信超市有限公司

付款人账号：　6871620185600025961

付款人开户行（发报行）：　中国农业银行上海市黄埔支行

收款人户名：　北京市大洋科技有限公司

收款人账号：　7791041806161123321

收款人开户行（发报行）：　交通银行北京市左家庄支行

币种：人民币　　　　　　　金额（小写）　￥59100.00

金额（大写）伍万玖仟壹佰圆整

凭证种类：0　　　　凭证号码：　97883

业务（产品）种类：电汇　　　　摘要：货款　　　　　渠道：柜台交易

交易机构号：0022234340221　　记账柜员号：121042　　交易代码：634772　　用途：

附言：货款

支付交易序号：　814265　　　　报文种类：CWT100　　　委托日期：　2023-01-22

业务种类：

打印次数：1次　　机打回单注意重复打印日期：2023-01-22　　打印柜员：000654　　验证码：df591532

图 1-71　[1 月 22 日业务]原始凭证

（12）1月30日，2022年12月12日应收百信超市的货款20 000元，预计无法收回，将其转为坏账。取得相关凭证如图1-72所示。

上海市浦东区人民法院受理破产案件通知书

上海百信超市有限公司经破字第5号我院已决定受理申请你单位破产还债一案，现将有关事项通知如下：

一、你单位应自收到本通知之日起十五日内，向本院提交经营情况的说明，有关的会计报表和债权债务清册；

二、必须保管好你单位的全部财产，不得隐匿、更换、变卖、私分、无偿转让以及非正常压价出售企业的财产；

三、必须保管好你单位的企业账册、文书、资料和印章；

四、你单位应自收到本通知之日起，停止清偿一切债务，为保证正常生产经营所必须偿付的，必须报经我院审查批准；

五、如你单位为其他单位担任保证人，应自收到本通知之日起五日内将你单位已被申请破产的情况转告有关当事人。

六、（其他需要通知的事项）。

2023 年 1 月 30 日
（院印）

图1-72　［1月30日业务］原始凭证1

（13）1月30日，将2023年1月4日收到的福耀商贸签发的银行承兑汇票（63593499）到银行贴现，贴现率为6％。取得相关凭证如图1-73所示。

图1-73　［1月30日业务］原始凭证2

1

应收款管理：
业务处理 14

应收款管理：
凭证出纳签
字、审核、
记账

应收款管理：
期末结账

（14）1月31日，计提坏账准备。取得相关凭证如图1-74所示。

坏账准备计提表

2023 年 01 月 31 日

应收账款余额	计提率	应提额	账面已提	实际计提

图 1-74　[1 月 31 日业务]原始凭证

四、应收款管理系统期末业务处理

（1）对所有已生成的凭证完成出纳签字、审核、记账。

（2）月末结账。

五、备份账套数据

在 D 盘"实训账套"文件夹下建立"1-4"文件夹，将账套备份至此文件夹。

实训五　应付款管理系统业务处理

〖实训目的〗

（1）掌握应付款管理系统初始设置。

（2）掌握应付款日常业务处理及月末处理、应付款管理系统数据查询的操作。

〖实训准备与要求〗

（1）修改系统时间为 2023 年 1 月 1 日。

（2）引入"D:\实训账套\1-4"文件夹中账套备份数据。

（3）以"W01 学生学号"的身份启用应付款管理系统，启用时间为 2023 年 1 月 1 日，进行应付款管理系统初始设置。

（4）以"W03 李朋"的身份完成付款单据的录入、票据管理。

（5）以"W02 学生姓名"的身份完成应付款管理系统的其他业务处理。

（6）按业务发生日期逐笔审核应付单及付款单，并生成相应的会计凭证。

〖实训内容与实训资料〗

一、应付款管理系统初始设置

（1）设置应付款管理系统业务参数，相关参数信息如表 1-30 所示。

表 1-30　应付款管理系统参数信息

常规	单据审核日期依据：单据日期 选中"自动计算现金折扣" 其他采用系统默认设置

凭证	受控科目制单方式：明细到单据 采购科目控制依据：按存货 其他采用系统默认设置
权限与预警参数	采用系统默认设置
核销设置	采用系统默认设置
收付款控制	采用系统默认设置

（2）设置会计科目。应付款管理系统应设置的相关会计科目信息如表 1－31 所示。

表 1－31　应付款管理系统科目设置信息

	基础科目种类	科　目	币　种
基本科目设置	应付科目	2202	人民币
	预付科目	1123	人民币
	税金科目	22210101	人民币
	银行承兑科目	2201	人民币
	商业承兑科目	2201	人民币
	现金折扣科目	6603	人民币
	票据利息科目	6603	人民币
	票据费用科目	6603	人民币
	收支费用科目	6603	人民币
	存货名称	采购科目	产品采购税金科目
产品科目设置	磺酸	140201	22210101
	碳酸钠	140202	22210101
	塑料	140203	22210101
	电	140304	22210101
	水	140305	22210101
	结算方式	币　种	科　目
结算方式科目设置	1 现金结算	人民币	1001
	201 现金支票	人民币	100201
	202 转账支票	人民币	100201
	4 电汇	人民币	100201

（3）设置单据编号。允许手工修改采购专用发票、采购普通发票、采购运费发票的单据编号，且重号时自动重取。

（4）录入应付款管理系统的期初余额并与总账对账，相关的期初余额信息如表 1－32 所示。

表 1-32 应付账款——增值税专用发票期初余额

日 期	凭证号	供应商	摘 要	方向	金额/元
2022-12-25	记-57	常州华城化工有限公司	购买磺酸 8 775 千克,单价 8 元/千克,票据号 98741254	贷	79 326

二、应付款管理系统日常业务处理

（1）1月1日,向华城公司购入磺酸,运费由对方单位代垫,材料未到。取得相关凭证如图 1-75、图 1-76 所示。

应付款管理:
业务处理 1

图 1-75 ［1月1日业务］原始凭证 1

图 1-76 ［1月1日业务］原始凭证 2

应付款管理：业务处理 2

（2）1 月 5 日，向联盟化工采购碳酸钠，原材料已验收入库，电汇支付商品款项，转账支票支付运输费。取得相关凭证如图 1－77～图 1－83 所示。

1100203670　北京增值税专用发票　№83640593　1100203670 83640593

发票联

开票日期：2023年01月05日

购买方	名　　称：北京市大洋科技有限公司 纳税人识别号：911100227300202776 地 址、电 话：北京市海淀区上地东路77号，010-87741816 开户行及账号：交通银行北京市左家庄支行，7791041806161123321				密码区	48*7>+>-2/3-65745<14539458<3844530481<194 9875/3750384<1948*7>+>-2//51948*7>+>55445 45987>*8574<194561948*7>+>7-7<8*873/+<424 57913-30011521948*7>+><191948*7>+>142>>8-	
货物或应税劳务、服务名称	规格型号	单位	数量	单价	金额	税率	税额
*劳务*运输费		公里	1500	2.00	3000.00	9%	270.00
合　　计					¥3000.00		¥270.00
价税合计（大写）	⊗叁仟贰佰柒拾圆整				（小写）¥3270.00		
销售方	名　　称：北京安顺运输有限公司 纳税人识别号：911100204877898057 地 址、电 话：北京市东城区光明路85号，010-87879656 开户行及账号：中国建设银行北京市东城支行，6540100125896454585				备注	车种：福田小货车-2AfS 车号：京A57897 起运地：山东省寿光市金海路199号 到达地：北京市海淀区上地东路77号	

收款人：（略）　复核：（略）　开票人：（略）　销售方：（章）

第三联：发票联　购买方记账凭证

图 1－77　[1 月 5 日业务]原始凭证 1

付　款　审　批　单

2023 年　01 月　05 日

收款单位	北京安顺运输有限公司	申请部门	采购部
开户行	中国建设银行北京市东城支行	经手人	赵新民
账号	6540100125896454585	付款方式	转账支票
付款用途	支付购货运费		
付款金额	人民币（大写）叁仟贰佰柒拾圆整	小写	¥3270.00

总经理	财务负责人	部门负责人	出纳
李金泽	李明	赵新民	李朋

会计主管：（略）　审核：（略）　出纳：（略）　制单：（略）

图 1－78　[1 月 5 日业务]原始凭证 2

1

图 1-79 [1月5日业务]原始凭证3

图 1-80 [1月5日业务]原始凭证4

1

付　款　审　批　单

2023 年　　01 月　　05 日

收款单位	山东联盟化工集团有限公司	申请部门	采购部
开户行	中国工商银行寿光市金海支行	经手人	赵新民
账　号	6222600597934526369	付款方式	电汇
付款用途	支付购货款		
付款金额	人民币（大写）　陆万肆仟肆佰壹拾圆整	小写	￥64410.00

总经理	财务负责人	部门负责人	出纳
李金泽	李明	赵新民	李朋

会计主管：（略）　　审核：（略）　　出纳：（略）　　制单：（略）

图 1-81　[1 月 5 日业务]原始凭证 5

交通银行 银行电汇凭证（回单）　　　1

委托日期 2023 年 01 月 05 日　　　　　No. 42011123

汇款人	全　称	北京市大洋科技有限公司	收款人	全　称	山东联盟化工集团有限公司
	账　号	7791041806161123321		账　号	6222600597934526369
	汇出地点	省　北京 市/县		汇入地点	山东 省　寿光 市/县
	汇出行名称	交通银行北京市左家庄支行		汇入行名称	中国工商银行寿光市金海支行

金额	人民币（大写）　陆万肆仟肆佰壹拾圆整	亿	千	百	十	万	千	百	十	元	角	分
					￥	6	4	4	1	0	0	0

交通银行北京市左家庄支行
2023.01.05
转讫

支付密码

附加信息及用途：
支付购货款

汇出行签章

此联汇出行给汇款人的回单

图 1-82　[1 月 5 日业务]原始凭证 6

1

入 库 单

2023 年 01 月 05 日

单号 2243

交来单位及部门	山东联盟化工集团有限公司		发票号码或生产单号码	36999856	验收仓库	原材料库	入库日期	2023年01月05日

编号	名称及规格	单位	数量		单价	金额	备注
			交库	实收			
1	碳酸钠	千克	30000	30000			
合 计			30000	30000	—	—	

部门经理：（略）　　　　会计：（略）　　　　仓库：（略）　　　　经办人：（略）

图 1-83　[1月5日业务]原始凭证 7

（3）1月8日，向华城公司采购塑料。采购合同上规定现金折扣条件为 2/10，1/20，n/30，现金折扣不考虑增值税。原材料已验收入库。取得相关凭证如图 1-84、图 1-85 所示。

江苏增值税专用发票

3200403176　　　　　　　　№ 33689455　　　　3200403176
33689455

开票日期：2023年01月08日

购买方	名　称：北京市大洋科技有限公司
	纳税人识别号：911100227300202776
	地址、电话：北京市海淀区上地东路77号、010-87741816
	开户行及账号：交通银行北京市左家庄支行、7791041806161123321

货物或应税劳务、服务名称	规格型号	单位	数量	单价	金额	税率	税额
*化学合成材料*塑料		千克	2000	8.00	16000.00	13%	2080.00
合　计					¥16000.00		¥2080.00

价税合计（大写）　⊗壹万捌仟零捌拾圆整　　　　　　（小写）¥18080.00

销售方	名　称：常州华城化工有限公司
	纳税人识别号：913200407233622987
	地址、电话：江苏省常州市天宁区朝阳路99号、0519-82301288
	开户行及账号：中国工商银行常州市天宁支行、6220022029249363661

收款人：（略）　　复核：（略）　　开票人：（略）　　销售方：（章）

图 1-84　[1月8日业务]原始凭证 1

（4）1月9日，电汇支付 2022 年 12 月 25 日向华城公司采购商品的货款。取得相关凭证如图 1-86、图 1-87 所示。

入 库 单

2023 年 01 月 08 日

单号 2761

交来单位及部门	常州华城化工有限公司		发票号码或生产单号码	33689455		验收仓库	原材料库		入库日期	2023-01-08
编号	名称及规格		单位	数量		单价	金额		备注	
				交库	实收					
1	塑料		千克	2000	2000					
	合　计			2000	2000	—			—	

部门经理：（略）　　　会计：（略）　　　仓库：（略）　　　经办人：（略）

图 1-85　[1 月 8 日业务]原始凭证 2

付 款 审 批 单

2023 年 01 月 09 日

收款单位	常州华城化工有限公司		申请部门	采购部
开户行	中国工商银行常州市天宁支行		经手人	赵新民
账　号	6220022029249363661		付款方式	电汇
付款用途	支付购货款			
付款金额	人民币（大写）	柒万玖仟叁佰贰拾陆圆整	小写	￥79326.00
总经理	财务负责人		部门负责人	出纳
李金泽	李明		赵新民	李朋

会计主管：（略）　　审核：（略）　　出纳：（略）　　　　　　制单：（略）

图 1-86　[1 月 9 日业务]原始凭证 1

（5）1 月 17 日，电汇支付 2023 年 1 月 8 日向华城公司采购商品的货款。取得相关凭证如图 1-88、图 1-89 所示。

（6）1 月 19 日，根据购货合同，以电汇结算方式预付向联盟化工采购商品的货款。取得相关凭证如图 1-90、图 1-91 所示。

1

交通银行 银行电汇凭证（回单）

委托日期 2023 年 01 月 09 日 No. 42011129

汇款人	全 称	北京市大洋科技有限公司	收款人	全 称	常州华城化工有限公司
	账 号	77910418061611233321		账 号	6220022029249363661
	汇出地点	省 北京 市/县		汇入地点	江苏省 常州 市/县
汇出行名称		交通银行北京市左家庄支行	汇入行名称		中国工商银行常州市天宁支行
金额	人民币（大写）	柒万玖仟叁佰贰拾陆圆整	亿 千 百 十 万 千 百 十 元 角 分 ￥ 7 9 3 2 6 0 0

支付密码

附加信息及用途：
支付期初货款

交通银行北京市左家庄支行
2023.01.09
转讫

汇出行签章

此联汇出行给汇款人的回单

图 1-87 ［1 月 9 日业务］原始凭证 2

付 款 审 批 单

2023 年 01 月 17 日

收款单位	常州华城化工有限公司	申请部门	采购部
开 户 行	中国工商银行常州市天宁支行	经手人	赵新民
账 号	6220022029249363661	付款方式	电汇
付款用途	支付购货款		
付款金额	人民币（大写） 壹万柒仟柒佰陆拾圆整	小写	￥ 17760.00

总经理	财务负责人	部门负责人	出纳
李金泽	李明	赵新民	李期

会计主管：（略） 审核：（略） 出纳：（略） 制单：（略）

图 1-88 ［1 月 17 日业务］原始凭证 1

交通银行 银行电汇凭证（回单）

委托日期 2023 年 01 月 17 日　　　　　　No. 42011132

1

汇款人	全　称	北京市大洋科技有限公司	收款人	全　称	常州华城化工有限公司
	账　号	7791041806161123321		账　号	6220022029249363661
	汇出地点	省　北京 市/县		汇入地点	江苏 省　常州 市/县
	汇出行名称	交通银行北京市左家庄支行		汇入行名称	中国工商银行常州市天宁支行

金额	人民币（大写）	壹万柒仟柒佰陆拾圆整	亿 千 百 十 万 千 百 十 元 角 分
			¥ 1 7 7 6 0 0 0

交通银行北京市左家庄支行
2023.01.17
转讫

支付密码

附加信息及用途：
支付购货款

汇出行签章

此联汇出行给汇款人的回单

图 1-89　[1 月 17 日业务]原始凭证 2

付 款 审 批 单

2023 年　01 月　19 日

收款单位	山东联盟化工集团有限公司	申请部门	采购部
开 户 行	中国工商银行寿光市金海支行	经手人	赵新民
账　号	6222600597934526369	付款方式	电汇
付款用途	预付购货款		
付款金额	人民币（大写）　壹万圆整	小写	¥ 10000.00

总经理	财务负责人	部门负责人	出纳
李金泽	李明	赵新民	李朋

会计主管：（略）　　审核：（略）　　出纳：（略）　　制单：（略）

图 1-90　[1 月 19 日业务]原始凭证 1

1

图 1-91 [1月19日业务]原始凭证 2

(7) 1月22日,收到联盟化工发来的材料和增值税专用发票,余款以电汇结算方式支付。取得相关凭证如图1-92～图1-95所示。

应付款管理:
业务处理7

图 1-92 [1月22日业务]原始凭证 1

入 库 单

2023 年 01 月 22 日

单号 2788

交来单位及部门	山东联盟化工集团有限公司		发票号码或生产单号码	45611569		验收仓库	原材料库	入库日期	2023 年 01 月 22 日
编号	名称及规格		单位	数量		单价	金额		备注
				交库	实收				
1	碳酸钠		千克	20000	20000				
	合　计			20000	20000	—			—

部门经理：（略）　　　　会计：（略）　　　　仓库：（略）　　　　经办人：（略）

图 1-93　[1 月 22 日业务]原始凭证 2

付 款 审 批 单

2023 年 01 月 22 日

收款单位	山东联盟化工集团有限公司		申请部门	采购部
开户行	中国工商银行寿光市金海支行		经手人	赵新民
账号	6222600597934526369		付款方式	电汇
付款用途	支付购货款			
付款金额	人民币(大写)	叁万伍仟贰佰圆整	小写	￥35200.00
总经理	财务负责人		部门负责人	出纳
李金泽	李明		赵新民	李朋

会计主管：（略）　　　审核：（略）　　　出纳：（略）　　　　　制单：（略）

图 1-94　[1 月 22 日业务]原始凭证 3

交通银行 银行电汇凭证（回单） 1

委托日期 2023年01月22日　　No. 42011140

汇款人	全称	北京市大洋科技有限公司	收款人	全称	山东联盟化工集团有限公司
	账号	7791041806161123321		账号	6222600597934526369
	汇出地点	省 北京 市/县		汇入地点	山东 省 寿光 市/县
汇出行名称		交通银行北京市左家庄支行	汇入行名称		中国工商银行寿光市金海支行
金额	人民币（大写）	叁万伍仟贰佰圆整	亿千百十万千百十元角分		¥3520000
交通银行北京市左家庄支行 2023.01.22 转讫 汇出行签章			支付密码		
			附加信息及用途：支付购货款		

此联汇出行给汇款人的回单

图 1－95 ［1 月 22 日业务］原始凭证 4

（8）1 月 25 日，收到供电公司开来的增值税专用发票（电费分配如表 1－33 所示）。取得相关凭证如图 1－96 所示。

应付款管理：业务处理 8

北京增值税专用发票

1100108289　　发票联　　№40134846　　1100108289 40134846

开票日期：2023年01月25日

购买方	名称：北京市大洋科技有限公司 纳税人识别号：911100227300202776 地址、电话：北京市海淀区上地东路77号，010-87741816 开户行及账号：交通银行北京市左家庄支行，7791041806161123321			密码区	48*7>+>-2/3-65745<14539458<3844530481<194 9875/3750384<1948*7>+>-2//51948*7>+>55445 45987>*8574<194561948*7>+>7-7<8*873/+<424 57913-30011521948*7>+><191948*7>+>142>>8-		
货物或应税劳务、服务名称	规格型号	单位	数量	单价	金额	税率	税额
*供电*电		度	20000	1.00	20000.00	13%	2600.00
合计					¥20000.00		¥2600.00
价税合计（大写）	⊗贰万贰仟陆佰圆整				（小写）¥22600.00		
销售方	名称：北京市海淀区供电公司 纳税人识别号：911100106102669877 地址、电话：北京市海淀区海淀南路62号，010-65690188 开户行及账号：中国建设银行北京市海淀支行，1340600236934526598			备注	北京市海淀区供电公司 911100106102669877 发票专用章		

收款人：（略）　复核：（略）　开票人：（略）　销售方：（章）

第三联：发票联 购买方记账凭证

图 1－96 ［1 月 25 日业务］原始凭证

表 1-33 电费分配表

分配对象	分配标准	分配率	分配金额/元
总经理室	600	1	600
财务部	800	1	800
采购部	500	1	500
销售部	600	1	600
仓库	400	1	400
生产车间	—	—	—
一车间	10 100	1	10 100
二车间	7 000	1	7 000

（9）1 月 26 日，收到供水公司开来的增值税专用发票（水费分配如表 1-34 所示）。取得相关凭证如图 1-97 所示。

应付款管理：
业务处理 9

表 1-34 水费分配表

分配对象	分配标准	分配率	分配金额/元
总经理室	100	3	300
财务部	120	3	360
采购部	130	3	390
销售部	150	3	450
仓库	100	3	300
生产车间	—	—	—
一车间	2 600	3	7 800
二车间	1 800	3	5 400

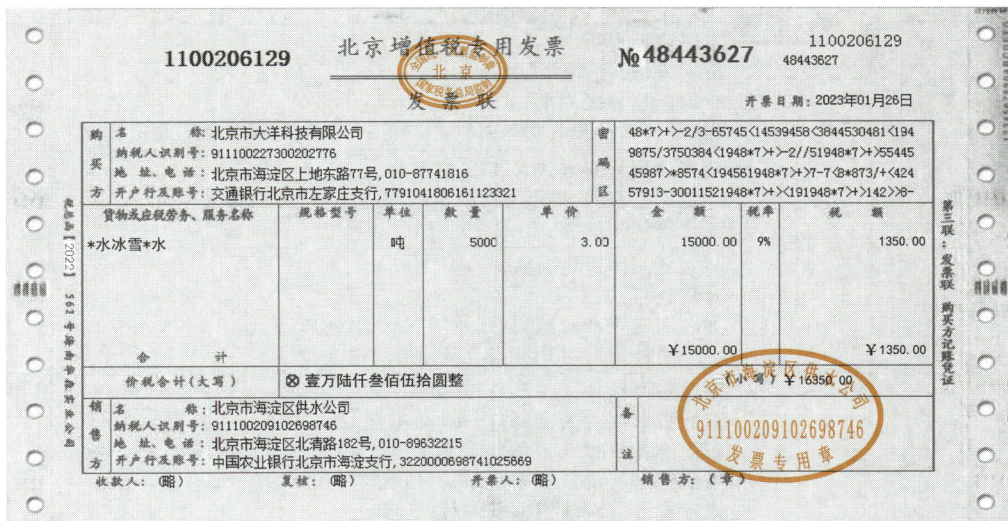

图 1-97 [1 月 26 日业务]原始凭证

1

应付款管理：
凭证出纳签
字、审核、
记账

应付款管理：
月末结账

三、应付款管理系统期末业务处理

（1）对所有已生成的凭证完成出纳签字、审核、记账。

（2）月末结账。

四、备份账套数据

在 D 盘"实训账套"文件夹下建立"1-5"文件夹，将账套备份至此文件夹。

实训六　固定资产管理系统业务处理

〖**实训目的**〗

（1）掌握固定资产管理系统初始设置。

（2）掌握固定资产管理系统日常业务处理、月末处理等操作。

〖**实训准备与要求**〗

（1）修改系统时间为 2023 年 1 月 1 日。

（2）引入"D:\实训账套\1-5"文件夹中账套备份数据。

（3）以"W01 学生学号"的身份启用固定资产管理系统，启用时间为 2023 年 1 月 1 日，进行固定资产管理系统参数设置。

（4）以"W02 学生姓名"的身份完成固定资产管理系统的其他业务处理。

（5）业务发生当日生成相关凭证。

〖**实训内容与实训资料**〗

一、固定资产管理系统初始设置

（1）设置固定资产管理系统业务参数，相关参数信息如表 1-35 所示。

表 1-35　大洋科技的固定资产管理系统参数信息

控 制 参 数	参 数 设 置
折旧信息	本账套计提折旧 折旧方法：平均年限法（一） 折旧汇总分配周期：1 个月 当（月初已计提月份＝可使用月份－1）时，将剩余折旧全部提足
编码方式	资产类别编码方式：2112 固定资产编码方式：按"类别编码＋序号"自动编码 卡片序号长度为：3
财务接口	与账务系统进行对账 对账科目： 　　固定资产对账科目：固定资产（1601） 　　累计折旧对账科目：累计折旧（1602）
与账务系统接口	固定资产缺省入账科目：1601 累计折旧缺省入账科目：1602 减值准备缺省入账科目：1603 增值税进项税额缺省入账科目：22210101 固定资产清理缺省入账科目：1606 选中"业务发生后立即制单"

（2）设置对应折旧科目。固定资产管理系统应设置的部门对应折旧科目信息如表1-36所示。

表1-36　大洋科技部门对应折旧科目信息

部门名称	折旧科目	部门名称	折旧科目
总经理室	660204	仓 库	660204
财务部	660204	一车间	510101
采购部	660204	二车间	510101
销售部	660104		

（3）设置资产类别。固定资产管理系统应设置的资产类别信息如表1-37所示。

表1-37　大洋科技固定资产类别信息

类别编码	类别名称	计提属性	折旧方法	净残值率	卡片样式
01	办公楼	正常计提	平均年限法（一）	10%	通用样式
02	厂房	正常计提	平均年限法（一）	10%	通用样式
03	生产设备	正常计提	平均年限法（一）	3%	含税卡片样式
04	办公设备	正常计提	平均年限法（一）	3%	含税卡片样式
05	交通运输设备	正常计提	平均年限法（一）	3%	含税卡片样式
06	其他	正常计提	平均年限法（一）	3%	含税卡片样式

（4）设置固定资产增减方式对应的入账科目。固定资产管理系统应设置增减方式对应的入账科目信息如表1-38所示。

表1-38　大洋科技固定资产增减方式对应的入账科目信息

增加方式	对应入账科目	减少方式	对应入账科目
直接购入	100201,交行存款	出售	1606,固定资产清理
投资者投入	4001,实收资本	盘亏	1901,待处理财产损溢
捐赠	6301,营业外收入	投资转出	1511,长期股权投资
盘盈	6901,以前年度损益调整	捐赠转出	6711,营业外支出
在建工程转入	1604,在建工程	报废	1606,固定资产清理

（5）增加固定资产资料原始卡片。固定资产管理系统应增加的固定资产原始卡片信息如表1-39所示。

表1-39　大洋科技固定资产资料原始卡片信息

卡片编号	00001	00002	00003	00004	00005
固定资产编号	01001	02001	03001	03002	04001
固定资产名称	办公楼	厂房	1号生产线	2号生产线	浪潮服务器
类别编号	01	02	03	03	04
类别名称	办公楼	厂房	生产设备	生产设备	办公设备

部门名称	总经理室(30%)，财务部(20%)，采购部(20%)，销售部(30%)	一车间(50%)，二车间(50%)	一车间	二车间	销售部
增加方式	在建工程转入	在建工程转入	直接购入	直接购入	直接购入
使用状况	在用	在用	在用	在用	在用
使用年限/月	420	360	240	240	60
折旧方法	平均年限法(一)	平均年限法(一)	平均年限法(一)	平均年限法(一)	平均年限法(一)
开始使用日期	2021-01-01	2021-06-01	2020-06-30	2021-11-10	2022-03-01
币种	人民币	人民币	人民币	人民币	人民币
原值/元	1 000 000	600 000	200 000	150 000	10 000
净残值率	10%	10%	3%	3%	3%
净残值/元	100 000	60 000	6 000	4 500	300
累计折旧/元	48 300	27 000	14 400	7 800	1 458
月折旧率	0.002 1	0.002 5	0.004 0	0.004 0	0.016 2
月折旧额/元	2 100	1 500	800	600	162
净值/元	951 700	573 000	185 600	142 200	8 542
对应折旧科目	管理费用——折旧费 销售费用——折旧费	制造费用——折旧费	制造费用——折旧费	制造费用——折旧费	销售费用——折旧费

二、固定资产管理系统日常业务处理

固定资产管理：业务处理1

（1）1月5日，大洋科技销售部购入一辆货车。取得相关凭证如图1-98～图1-101所示。

图1-98　[1月5日业务]原始凭证1

付　款　审　批　单

2023 年　01 月　05 日

收款单位	安徽江淮汽车股份有限公司		申请部门	采购部
开户行	中国建设银行合肥市蜀山支行		经手人	赵新民
账　号	4321055698762100122		付款方式	电汇
付款用途	支付采购设备款			
付款金额	人民币（大写）	玖万零肆佰圆整	小写	￥90400.00
总经理		财务负责人	部门负责人	出纳
李金泽		李明	赵新民	李朋

会计主管：（略）　　审核：（略）　　　出纳：（略）　　　　制单：（略）

图 1 - 99　[1 月 5 日业务]原始凭证 2

交通银行 银行电汇凭证（回单）　1

委托日期 2023 年 01 月 05 日　　　　　No. 20631238

汇款人	全　称	北京市大洋科技有限公司	收款人	全　称	安徽江淮汽车股份有限公司
	账　号	7791041806161123321		账　号	4321055698762100122
	汇出地点	省　北京 市/县		汇入地点	安徽 省　合肥 市/县
	汇出行名称	交通银行北京市左家庄支行		汇入行名称	中国建设银行合肥市蜀山支行

金额	人民币（大写）	玖万零肆佰圆整	亿 千 百 十 万 千 百 十 元 角 分
			￥ 9 0 4 0 0 0 0

交通银行北京市左家庄支行
2023.01.05
转讫

支付密码

附加信息及用途：
支付购货款

汇出行签章

此联汇出行给汇款人的回单

图 1 - 100　[1 月 5 日业务]原始凭证 3

1

固定资产卡片

使用单位：**销售部**		填表日期：**2023**年**01**月**05**日			
类别	**交通运输设备**	出厂或交接验收日期	**2022.03.28**	预计使用年限	**5年**
编号	**05001**	购入或使用日期	**2023.01.05**	预计残值	**2400.00**
名称	**JAC货车**	放置或使用地址	**销售部**	预计清理费用	**0.00**
型号规格		负责人	**李涛**	月折旧率	
建造单位	**安徽江淮汽车股份有限公司**	总造价	**80000.00**	月大修理费用提存率	

图 1-101　[1月5日业务]原始凭证 4

固定资产
管理：业
务处理2

（2）1月10日，二车间购入需要安装的检测设备。取得相关凭证如图 1-102～图 1-104 所示。

图 1-102　[1月10日业务]原始凭证 1

付 款 审 批 单

2023 年 01 月 10 日

收款单位	上海仅杰自动化设备有限公司	申请部门	采购部
开户行	中国工商银行上海市静安支行	经手人	赵新民
账 号	3401222000065219123	付款方式	电汇
付款用途	支付采购设备款		
付款金额	人民币(大写) 壹拾壹万叁仟圆整	小写	￥113000.00

总经理	财务负责人	部门负责人	出纳
李金泽	李明	赵新民	李朋

会计主管：（略） 审核：（略） 出纳：（略） 制单：（略）

图 1－103 ［1 月 10 日业务］原始凭证 2

交通银行 银行电汇凭证（回单） 1

委托日期 2023 年 01 月 10 日 No. 20631239

汇款人	全 称	北京市大洋科技有限公司	收款人	全 称	上海仅杰自动化设备有限公司
	账 号	7791041806161123321		账 号	3401222000065219123
	汇出地点	省 北京 市/县		汇入地点	省 上海 市/县
	汇出行名称	交通银行北京市左家庄支行		汇入行名称	中国工商银行上海市静安支行

金额	人民币(大写) 壹拾壹万叁仟圆整	亿 千 百 十 万 千 百 十 元 角 分
		￥ 1 1 3 0 0 0 0 0

交通银行北京市左家庄支行
2023.01.10
转讫

支付密码

附加信息及用途：
支付购货款

汇出行签章

此联汇出行给汇款人的回单

图 1－104 ［1 月 10 日业务］原始凭证 3

1

固定资产管理：业务处理 3

(3) 1 月 15 日，支付安装费，检测设备达到预定可使用状态，交付使用。取得相关凭证如图 1－105～图 1－108 所示。

1100905565 北京增值税专用发票 №36452107 1100905565 36452107

发票联

开票日期：2023年01月15日

购买方	名称：北京市大洋科技有限公司 纳税人识别号：911100227300202776 地址、电话：北京市海淀区上地东路77号，010-87741816 开户行及账号：交通银行北京市左家庄支行，7791041806161123321				密码区	48*7>+>-2/3-65745<14539458<3844530481<194 9875/3750384<1948*7>+>-2//51948*7>+>55445 45987>*8574<194561948*7>+>7-7<8*873/+<424 57913-30011521948*7>+><191948*7>+>142>>8-	
货物或应税劳务、服务名称	规格型号	单位	数量	单价	金额	税率	税额
*劳务*设备安装费		次	1	5000.00	5000.00	13%	650.00
合计					¥5000.00		¥650.00
价税合计（大写）	⊗伍仟陆佰伍拾圆整				（小写）¥5650.00		
销售方	名称：北京宏达设备安装有限公司 纳税人识别号：911100906987460126 地址、电话：北京市西城区白云路27号，010-57248869 开户行及账号：中国农业银行北京市西城支行，6200025532101564978				备注		

收款人：（略） 复核：（略） 开票人：（略） 销售方：（章）

国税函【2022】561号海南华森实业公司

第三联：发票联 购买方记账凭证

北京宏达设备安装有限公司 911100906987460126 发票专用章

图 1－105 [1 月 15 日业务]原始凭证 1

付款审批单

2023 年 01 月 15 日

收款单位	北京宏达设备安装有限公司		申请部门	采购部
开户行	中国农业银行北京市西城支行		经手人	赵新民
账号	6200025532101564978		付款方式	转账支票
付款用途	支付设备安装费			
付款金额	人民币（大写）	伍仟陆佰伍拾圆整	小写	¥5650.00
总经理	财务负责人	部门负责人	出纳	
李金泽	李明	赵新民	李朋	

会计主管：（略） 审核：（略） 出纳：（略） 制单：（略）

图 1－106 [1 月 15 日业务]原始凭证 2

1

图 1-107 [1 月 15 日业务]原始凭证 3

固定资产卡片

使用单位：二车间　　　　填表日期：　2023　年　01　月　15　日

类别	生产设备	出厂或交接验收日期	2022.01.01	预计使用年限	10年
编号	03003	购入或使用日期	2023.01.15	预计净残值	3150.00
名称	检测设备	放置或使用地址	二车间	预计清理费用	0.00
型号规格		负责人	黄蓓蓓	月折旧率	
建造单位	上海仅杰自动化设备有限公司	总造价	105000.00	月大修理费用提存率	

设备主要技术参数或建筑物占地面积、建筑面积及结构	设备主要配件名称数量或建筑物附属设备	大修理记录		固定资产改变记录
		时间	项目	

图 1-108 [1 月 15 日业务]原始凭证 4

（4）1 月 18 日，因业务需要，将销售部使用的浪潮服务器调入财务部。取得相关凭证如图 1-109 所示。

固定资产管理：业务处理 4

1

固定资产转移单

变动日期 **2023** 年 **01** 月 **18** 日

资产编号	固定资产名称	型 号	数 量	转出部门	转入部门	备注
04001	**浪潮服务器**		**1**	**销售部**	**财务部**	

转移原因：	**财务部业务信息化需要**					
转入部门	**财务部**		部门领导	（略）	资产管理员	（略）
转出部门	**销售部**		部门领导	（略）	资产管理员	（略）
资产办公室领导签字：	（略）					

部门负责人： （略）　　　审核： （略）　　　会计： （略）　　　制单人： （略）

图 1－109　[1 月 18 日业务]原始凭证

（5）1 月 22 日，财务部购入三台联想电脑（资产编号 04002～04004）。取得相关凭证如图 1－110～图 1－115 所示。

固定资产
管理：业
务处理 5

图 1－110　[1 月 22 日业务]原始凭证 1

付　款　审　批　单

2023 年　　01 月　　22 日

收款单位	北京博远捷科电子商贸中心	申请部门	采购部
开户行	中国工商银行北京市西城支行	经手人	赵新民
账　号	2600032100598742102	付款方式	转账支票
付款用途	支付采购设备款		
付款金额 人民币(大写)	壹万叁仟伍佰陆拾圆整	小写	￥13560.00

总经理	财务负责人	部门负责人	出纳
李金泽	李明	赵新民	李朋

会计主管：（略）　　审核：（略）　　出纳：（略）　　　制单：（略）

图 1-111　[1 月 22 日业务]原始凭证 2

交通银行
转账支票存根
30101127

32100037

附加信息

出票日期 2023 年 01 月 22 日

收款人：北京博远捷科电子商贸中心
金　额：￥13560.00
用　途：支付采购设备款

单位主管（略）会计（略）

图 1-112　[1 月 22 日业务]原始凭证 3

1

固定资产卡片

使用单位：**财务部**　　填表日期：**2023** 年 **01** 月 **22** 日

类别	办公设备	出厂或交接验收日期	2022.03.04	预计使用年限	5年
编号	04002	购入或使用日期	2023.01.22	预计残值	40.00
名称	联想电脑	放置或使用地址	财务部	预计清理费用	0.00
型号规格		负责人	李明	月折旧率	
建造单位	北京博远捷科电子商贸中心	总造价	4000.00	月大修理费用提存率	

设备主要技术参数或建筑物占地面积、建筑面积及结构	设备主要配件名称数量或建筑物附属设备	大修理记录		固定资产改变记录
		时间	项目	

图 1-113 ［1月22日业务］原始凭证 4

固定资产卡片

使用单位：**财务部**　　填表日期：**2023** 年 **01** 月 **22** 日

类别	办公设备	出厂或交接验收日期	2022.03.04	预计使用年限	5年
编号	04003	购入或使用日期	2023.01.22	预计残值	40.00
名称	联想电脑	放置或使用地址	财务部	预计清理费用	0.00
型号规格		负责人	李明	月折旧率	
建造单位	北京博远捷科电子商贸中心	总造价	4000.00	月大修理费用提存率	

设备主要技术参数或建筑物占地面积、建筑面积及结构	设备主要配件名称数量或建筑物附属设备	大修理记录		固定资产改变记录
		时间	项目	

图 1-114 ［1月22日业务］原始凭证 5

固定资产卡片

使用单位：**财务部**　　　填表日期：　**2023** 年 **01** 月 **22** 日

类别	办公设备	出厂或交接验收日期	2022.03.04	预计使用年限	5年
编号	04004	购入或使用日期	2023.01.22	预计残值	40.00
名称	联想电脑	放置或使用地址	财务部	预计清理费用	0.00
型号规格		负责人	李明	月折旧率	
建造单位	北京博远捷科电子商贸中心	总造价	4000.00	月大修理费用提存率	

设备主要技术参数或建筑物占地面积、建筑面积及结构	设备主要配件名称数量或建筑物附属设备	大修理记录		固定资产改变记录
		时间	项目	

图 1－115　[1 月 22 日业务]原始凭证 6

（6）1 月 30 日，对各项资产进行检查，发现 2022 年 3 月 1 日购入的浪潮服务器（卡片编号：00005 号）的可回收金额低于其账面价值 1 500 元，计提固定资产减值准备。取得相关凭证如图 1－116 所示。

固定资产管理：业务处理 6

固定资产减值批准报告

名称	购进时间	原值	折旧年限（月）	净残值率	累计折旧	净值	可收回金额	减值准备
浪潮服务器	2022/03/01	10000.00	60	3%	1458.00	8542.00	7042.00	1500.00

　　月末，对本企业固定资产进行测试，测试结果表明销售部使用的浪潮服务器其可收回金额低于账面价值，经公司董事会研究决定对其计提1500元减值准备。

北京市大洋科技有限公司
2023年01月30日

图 1－116　[1 月 30 日业务]原始凭证 1

（7）1 月 30 日，计提本月固定资产折旧，计提折旧后查看折旧清单。

（8）1 月 30 日，出售 1 号生产线。取得相关凭证如图 1－117、图 1－118 所示。

固定资产管理：业务处理 7

固定资产管理：业务处理 8

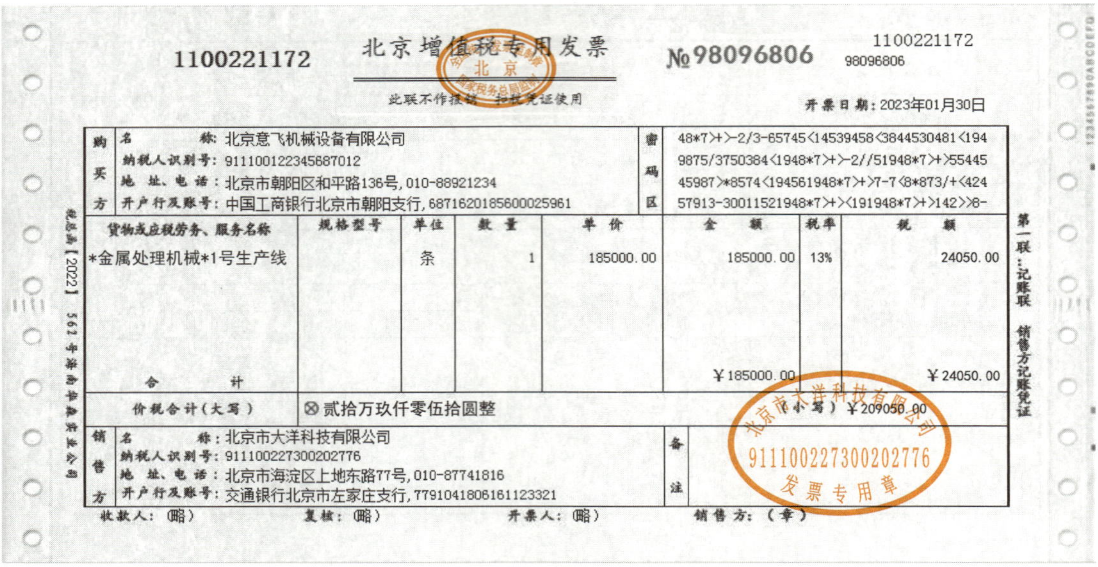

1100221172　北京增值税专用发票　№98096806　1100221172 98096806

此联不作报销、扣税凭证使用　　开票日期：2023年01月30日

购买方	名　　称：北京意飞机械设备有限公司 纳税人识别号：911100122345687012 地 址、电 话：北京市朝阳区和平路136号，010-88921234 开户行及账号：中国工商银行北京市朝阳支行，6871620185600025961	密码区	48*7>+>-2/3-65745<14539458<3844530481<194 9875/3750384<1948*7>+>-2//51948*7>+>55445 45987>*8574<194561948*7>+>7-7<8*873/+<424 57913-3001152948*7>+><191948*7>+>142>>8-

货物或应税劳务、服务名称	规格型号	单位	数量	单价	金额	税率	税额
*金属处理机械*1号生产线		条	1	185000.00	185000.00	13%	24050.00
合　　计					¥185000.00		¥24050.00
价税合计（大写）	⊗贰拾万玖仟零伍拾圆整				（小写）¥209050.00		

销售方	名　　称：北京市大洋科技有限公司 纳税人识别号：911100227300202776 地 址、电 话：北京市海淀区上地东路77号，010-87741816 开户行及账号：交通银行北京市左家庄支行，7791041806161123321	备注	

收款人：（略）　复核：（略）　开票人：（略）　销售方：（章）

第一联：记账联　销售方记账凭证

北京市大洋科技有限公司 911100227300202776 发票专用章

图 1－117　[1 月 30 日业务]原始凭证 2

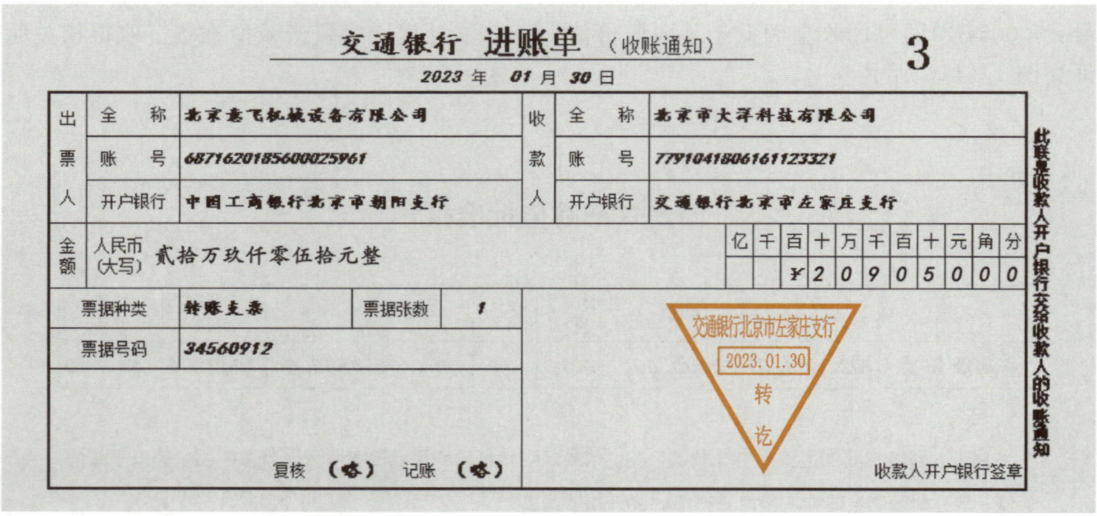

交通银行　进账单（收账通知）　3

2023 年 01 月 30 日

出票人	全　称	北京意飞机械设备有限公司	收款人	全　称	北京市大洋科技有限公司
	账　号	6871620185600025961		账　号	7791041806161123321
	开户银行	中国工商银行北京市朝阳支行		开户银行	交通银行北京市左家庄支行
金额	人民币（大写）	贰拾万玖仟零伍拾元整		亿千百十万千百十元角分	¥20905000
票据种类	转账支票	票据张数	1		
票据号码	34560912				

复核（略）　记账（略）　　收款人开户银行签章

交通银行北京市左家庄支行 2023.01.30 转讫

此联是收款人开户银行交给收款人的收账通知

图 1－118　[1 月 30 日业务]原始凭证 3

固定资产管理：凭证出纳签字、审核、记账

固定资产管理：对账

三、固定资产管理系统期末业务处理

（1）对所有已生成的凭证完成出纳签字、审核、记账。

（2）完成固定资产管理系统与总账管理系统对账。

（3）月末结账。

固定资产管理：期末结账

1

四、备份账套数据

在 D 盘"实训账套"文件夹下建立"1-6"文件夹,将账套备份至此文件夹。

实训七　薪资管理系统业务处理

〖**实训目的**〗

（1）掌握薪资管理系统初始设置。

（2）掌握薪资管理系统日常业务处理,工资分摊及月末处理,工资系统数据查询的操作。

〖**实训准备与要求**〗

（1）修改系统时间为 2023 年 1 月 1 日。

（2）引入"D:\实训账套\1-6"文件夹中账套备份数据。

（3）以"W01 学生学号"的身份启用薪资管理系统,启用时间为 2023 年 1 月 1 日,进行薪资管理系统参数设置。

（4）以"W02 学生姓名"的身份完成薪资管理系统的其他业务处理。

〖**实训内容与实训资料**〗

一、薪资管理系统初始设置

（1）设置薪资管理系统参数,相关参数信息如表 1-40 所示。

表 1-40　大洋科技薪资管理系统参数信息

控 制 参 数	参 数 设 置
参数设置	工资类别个数：单个
扣税设置	从工资代扣个人所得税
扣零设置	不扣零
人员编码	与公共平台的人员编码一致

（2）设置人员档案,相关人员档案信息如表 1-41 所示。

表 1-41　大洋科技人员档案信息

人员编号	人员姓名	所属部门	人员类别	银行名称	银 行 账 号
101	李金泽	1	企业管理人员	交通银行	6100001236900112001
102	李 明	1	企业管理人员	交通银行	6100001236900112002
201	学生学号	2	企业管理人员	交通银行	6100001236900112003
202	学生姓名	2	企业管理人员	交通银行	6100001236900112004
203	李 朋	2	企业管理人员	交通银行	6100001236900112005
301	赵新民	3	企业管理人员	交通银行	6100001236900112006
302	李 卉	3	企业管理人员	交通银行	6100001236900112007

人员编号	人员姓名	所属部门	人员类别	银行名称	银行账号
401	李 涛	4	销售人员	交通银行	6100001236900112008
402	魏春红	4	销售人员	交通银行	6100001236900112009
501	王 静	5	企业管理人员	交通银行	6100001236900112010
502	谢 东	5	企业管理人员	交通银行	6100001236900112011
611	邢 雷	601	车间管理人员	交通银行	6100001236900112012
612	杨 杰	601	车间管理人员	交通银行	6100001236900112013
613	马玉洁	601	生产人员	交通银行	6100001236900112014
614	王 琳	601	生产人员	交通银行	6100001236900112015
615	郑 洁	601	生产人员	交通银行	6100001236900112016
616	孙 浩	601	生产人员	交通银行	6100001236900112017
617	李 红	601	生产人员	交通银行	6100001236900112018
618	李 伟	601	生产人员	交通银行	6100001236900112019
619	刘 涛	601	生产人员	交通银行	6100001236900112020
621	黄蓓蓓	602	车间管理人员	交通银行	6100001236900112021
622	赵子龙	602	车间管理人员	交通银行	6100001236900112022
623	叶 子	602	生产人员	交通银行	6100001236900112023
624	周红梅	602	生产人员	交通银行	6100001236900112024
625	周 炜	602	生产人员	交通银行	6100001236900112025
626	刘 伟	602	生产人员	交通银行	6100001236900112026
627	王 玲	602	生产人员	交通银行	6100001236900112027
628	邓建飞	602	生产人员	交通银行	6100001236900112028
629	宋春兰	602	生产人员	交通银行	6100001236900112029

（3）设置工资项目，相关工资项目信息如表 1-42 所示。

表 1-42　大洋科技工资项目信息

工资项目名称	类型	长度	小数	增减项
基本工资	数字	8	2	增项
岗位工资	数字	8	2	增项
交通补贴	数字	8	2	增项
缺勤天数	数字	8	2	其他
缺勤扣款	数字	8	2	减项
社会保险费	数字	8	2	减项
设定提存计划	数字	8	2	减项

续　表

工资项目名称	类型	长度	小数	增减项
住房公积金	数字	8	2	减项
计税工资	数字	8	2	其他
四险一金计提基数	数字	8	2	其他
计提工资基数	数字	8	2	其他

（4）设置工资计算公式，相关工资计算公式信息如表 1－43 所示。

表 1－43　大洋科技工资计算公式信息

薪资项目	定义公式
交通补贴	IFF(人员类别＝"销售人员"or 人员类别＝"企业管理人员"，600，IFF(人员类别＝"车间管理人员"，400，200))
缺勤扣款	(基本工资/22)×缺勤天数
四险一金计提基数	基本工资＋岗位工资
社会保险费	四险一金计提基数×2%
设定提存计划	四险一金计提基数×8.2%
住房公积金	四险一金计提基数×12%
计税工资	基本工资＋岗位工资＋交通补贴－设定提存计划－社会保险费－住房公积金
计提工资基数	基本工资＋岗位工资＋交通补贴－缺勤扣款

（5）设置个人所得税计税基数。

个人所得税申报表中"收入额合计"项所对应的工资项目修改为"计税工资"。

（6）设置个人所得税税率表。

个人所得税扣税基数修改为"5 000"元，相关个人所得税税率表信息如表 1－44 所示。

表 1－44　个人所得税税率表

级次	应纳税所得额下限/元	应纳税所得额上限/元	税率/%	速算扣除数/元
1	0	3 000	3	0
2	3 000	12 000	10	210
3	12 000	25 000	20	1 410
4	25 000	35 000	25	2 660
5	35 000	55 000	30	4 410
6	55 000	80 000	35	7 160
7	80 000		45	15 160

二、薪资管理系统日常业务处理

（1）录入大洋科技 1 月份人员工资数据，如表 1－45 所示。

1

表 1-45 1月份人员工资

人员编号	人员姓名	所属部门	人员类别	基本工资/元	岗位工资/元	缺勤天数/天
101	李金泽	1	企业管理人员	5 000	800	
102	李明	1	企业管理人员	3 000	600	
201	学生学号	2	企业管理人员	3 000	800	
202	学生姓名	2	企业管理人员	2 800	500	
203	李朋	2	企业管理人员	2 500	500	2
301	赵新民	3	企业管理人员	2 400	440	
302	李卉	3	企业管理人员	2 400	400	
401	李涛	4	销售人员	3 200	2 500	
402	魏春红	4	销售人员	2 700	2 400	3
501	王静	5	企业管理人员	2 600	700	
502	谢东	5	企业管理人员	2 200	500	
611	邢雷	601	车间管理人员	3 200	1 200	
612	杨杰	601	车间管理人员	3 000	2 000	1
613	马玉洁	601	生产人员	2 800	800	
614	王琳	601	生产人员	2 200	560	
615	郑洁	601	生产人员	2 800	720	
616	孙浩	601	生产人员	1 800	600	
617	李红	601	生产人员	1 500	700	
618	李伟	601	生产人员	1 500	750	
619	刘涛	601	生产人员	1 500	650	
621	黄蓓蓓	602	车间管理人员	3 200	1 200	
622	赵子龙	602	车间管理人员	3 200	1 300	
623	叶子	602	生产人员	2 200	1 300	
624	周红梅	602	生产人员	2 200	1 200	
625	周炜	602	生产人员	2 200	1 200	
626	刘伟	602	生产人员	2 000	1 700	1
627	王玲	602	生产人员	2 100	1 300	
628	邓建飞	602	生产人员	2 200	1 200	
629	宋春兰	602	生产人员	2 200	1 200	

（2）计算全部工资项目内容。

三、薪资管理系统期末业务处理

（1）工资分摊设置。

大洋科技四险一金、工会经费和职工教育经费都按"四险一金计提基数"计提。公司承

薪资管理：
业务处理2

担的养老保险、医疗保险、失业保险、工伤保险、住房公积金、工会经费和职工教育经费计提比例分别为20％、10.8％、1％、1％、12％、2％、8％；职工个人承担的养老保险、医疗保险、失业保险、住房公积金计提比例分别为8％、2％、0.2％、12％；职工福利费按实际发生数列支（表1－46～表1－52）。

表1－46　计提工资转账分录信息

分摊构成设置（计提比例100％）				
部门名称	人员类别	工资项目	借方科目	贷方科目
总经理室、财务部、采购部、仓库	企业管理人员	计提工资基数	660201	221101
销售部	销售人员	计提工资基数	660101	221101
一车间、二车间	车间管理人员	计提工资基数	510102	221101
一车间	生产人员	计提工资基数	500102（3 kg 瓶装洗衣液）	221101
二车间	生产人员	计提工资基数	500102（1.8 kg 瓶装洗洁精）	221101

表1－47　计提工会经费转账分录信息

分摊构成设置（计提比例2％）				
部门名称	人员类别	工资项目	借方科目	贷方科目
总经理室、财务部、采购部、仓库	企业管理人员	应发合计	660201	221105
销售部	销售人员	应发合计	660101	221105
一车间、二车间	车间管理人员	应发合计	510102	221105
一车间	生产人员	应发合计	500102（3 kg 瓶装洗衣液）	221105
二车间	生产人员	应发合计	500102（1.8 kg 瓶装洗洁精）	221105

表1－48　计提职工教育经费转账分录信息

分摊构成设置（计提比例8％）				
部门名称	人员类别	工资项目	借方科目	贷方科目
总经理室、财务部、采购部、仓库	企业管理人员	应发合计	660201	221106
销售部	销售人员	应发合计	660101	221106
一车间、二车间	车间管理人员	应发合计	510102	221106
一车间	生产人员	应发合计	500102（3 kg 瓶装洗衣液）	221106
二车间	生产人员	应发合计	500102（1.8 kg 瓶装洗洁精）	221106

1

表 1-49　计提公司——设定提存计划转账分录信息

分摊构成设置(计提比例21%)				
部门名称	人员类别	工资项目	借方科目	贷方科目
总经理室、财务部、采购部、仓库	企业管理人员	四险一金计提基数	660201	221104
销售部	销售人员	四险一金计提基数	660101	221104
一车间、二车间	车间管理人员	四险一金计提基数	510102	221104
一车间	生产人员	四险一金计提基数	500102(3 kg 瓶装洗衣液)	221104
二车间	生产人员	四险一金计提基数	500102(1.8 kg 瓶装洗洁精)	221104

表 1-50　计提公司——社会保险费转账分录信息

分摊构成设置(计提比例11.8%)				
部门名称	人员类别	工资项目	借方科目	贷方科目
总经理室、财务部、采购部、仓库	企业管理人员	四险一金计提基数	660201	221103
销售部	销售人员	四险一金计提基数	660101	221103
一车间、二车间	车间管理人员	四险一金计提基数	510102	221103
一车间	生产人员	四险一金计提基数	500102(3 kg 瓶装洗衣液)	221103
二车间	生产人员	四险一金计提基数	500102(1.8 kg 瓶装洗洁精)	221103

表 1-51　计提公司——住房公积金转账分录信息

分摊构成设置(计提比例12%)				
部门名称	人员类别	工资项目	借方科目	贷方科目
总经理室、财务部、采购部、仓库	企业管理人员	四险一金计提基数	660201	221107
销售部	销售人员	四险一金计提基数	660101	221107
一车间	车间管理人员	四险一金计提基数	510102	221107
二车间	车间管理人员	四险一金计提基数	510102	221107
一车间	生产人员	四险一金计提基数	500102(3 kg 瓶装洗衣液)	221107
二车间	生产人员	四险一金计提基数	500102(1.8 kg 瓶装洗洁精)	221107

表 1-52　计提代扣个人所得税转账分录信息

分摊构成设置(计提比例100%)				
部门名称	人员类别	工资项目	借方科目	贷方科目
总经理室、财务部、采购部、仓库	企业管理人员	扣税合计	221101	222112
销售部	销售人员	扣税合计	221101	222112

续　表

分摊构成设置(计提比例100%)				
部门名称	人员类别	工资项目	借　方　科　目	贷方科目
一车间、二车间	车间管理人员	扣税合计	221101	222112
一车间、二车间	生产人员	扣税合计	221101	222112

（2）生成工资分摊的凭证。将系统时间改为2023年1月20日,生成工资分摊的凭证。

（3）对所有生成的凭证完成审核、记账。

（4）月末处理。办理薪资管理系统月末结账,并将【缺勤天数】【缺勤扣款】【代扣税】清零。

四、备份账套数据

在D盘"实训账套"文件夹下建立"1-7"文件夹,将账套备份至此文件夹。

实训八　总账管理系统期末业务处理

〖实训目的〗

（1）练习结转制造费用。

（2）掌握自定义转账凭证。

（3）掌握生成转账凭证。

（4）总账与各子系统对账,账表查询。

〖实训准备与要求〗

（1）修改系统时间为2023年1月31日。

（2）引入"D:\实训账套\1-7"文件夹中账套备份数据。

（3）以"W02学生姓名"的身份完成总账期末结转业务、总账与子系统对账及账表查询。

（4）以"W01学生学号"的身份进行审核、记账。

〖实训内容与实训资料〗

一、期末结转业务处理

1. 转账定义

（1）自定义计提短期借款利息、结转未交增值税、计提城市维护建设税、计提教育费附加、计提地方教育附加、计提企业所得税的转账凭证（表1-53～表1-58）。

表1-53　计提短期借款利息转账分录信息（转账序号：0001）

摘　　要	方向	会计科目编码	金　额　公　式
计提短期借款利息	借	6603	2001的期末余额×6%÷12
	贷	2231	JG(　)

表 1-54　结转未交增值税转账分录信息（转账序号：0002）

摘　要	方向	会计科目编码	金　额　公　式
结转未交增值税	借	22210104	222101 的期末余额
	贷	222102	JG（　）

表 1-55　计提城市维护建设税转账分录信息（转账序号：0003）

摘　要	方向	会计科目编码	金　额　公　式
计提城市维护建设税	借	6403	（222102 的期末余额＋222104 的期末余额）×0.07
	贷	222108	JG（　）

表 1-56　计提教育费附加转账分录信息（转账序号：0004）

摘　要	方向	会计科目编码	金　额　公　式
计提教育费附加	借	6403	（222102 的期末余额＋222104 的期末余额）×0.03
	贷	222109	JG（　）

表 1-57　计提地方教育费附加转账分录信息（转账序号：0005）

摘　要	方向	会计科目编码	金　额　公　式
计提地方教育费附加	借	6403	（222102 的期末余额＋222104 的期末余额）×0.02
	贷	222110	JG（　）

表 1-58　计提企业所得税费用转账分录信息（转账序号：0006）

摘　要	方向	会计科目编码	金　额　公　式
计提企业所得税费用	借	6801	（4103 贷方发生额－4103 借方发生额）×0.25
	贷	222106	JG（　）

（2）设置结转销售成本的凭证。

（3）设置结转期间损益的凭证。

2. 期末凭证处理

（1）1 月 31 日，结转本月发生的制造费用，制造费用根据产品工时分配，本月产品工时统计如表 1-59 所示。并对生成的凭证完成审核、记账。

表 1-59　产品工时统计表

产　品　名　称	耗用工时/小时
3 kg 瓶装洗衣液	6 000
1.8 kg 瓶装洗洁精	4 000
合　　计	10 000

期末：结转销售成本设置

期末：结转期间损益设置

期末：结转制造费用

（2）1月31日，结转本月完工产品的成本，产品数量统计如表1-60所示。

表1-60 完工产品数量统计表 单位：千克

产 品 名 称	月初在产品	本月投入	本月完工	月末在产品
3 kg 瓶装洗衣液	86	8 000	7 586	500
1.8 kg 瓶装洗洁精	285	14 000	13 285	1 000

月末完工产品成本采用约当产量法，材料在开始时一次性投入，未完工产品的直接人工和制造费用相当于完工产品的50%。并对生成的凭证完成审核、记账。

（3）1月31日，根据销售成本结转转账定义生成结转本月销售产品的销售成本，并对生成的凭证完成审核、记账。

（4）1月31日，根据自定义转账凭证生成计提短期借款利息，并对生成的凭证完成审核、记账。

（5）1月31日，根据自定义转账凭证生成结转未交增值税，并对生成的凭证完成审核、记账。

（6）1月31日，根据自定义转账凭证生成计提城市维护建设税、计提教育费附加、计提地方教育附加的会计凭证，并对生成的凭证完成审核、记账。

（7）1月31日，根据期间损益转账定义生成期间损益的凭证（收入和支出分别结转），并对生成的凭证完成审核、记账。

（8）1月31日，根据自定义转账凭证生成计提企业所得税的会计凭证，根据期间损益转账定义生成结转所得税费用的会计凭证，并对生成的凭证完成审核、记账。

二、账簿管理

（1）查询所建立的账套2023年1月份库存现金总账。

（2）查询所建立的账套2023年1月份所有科目的发生额及余额。

（3）定义并查询所建立的账套2023年1月份应交增值税多栏明细账，要求分析方式及输出内容均为金额式。

（4）定义并查询所建立的账套2023年1月份生产成本多栏明细账，要求分析方式及输出内容均为金额式。

三、备份账套数据

在D盘"实训账套"文件夹下建立"1-8"文件夹，将账套备份至此文件夹。

实训九 报表管理系统业务处理

〖实训目的〗

（1）练习自定义报表格式的定义、单位公式的设置。

（2）理解并熟悉报表管理系统的数据状态与格式状态的区别。

（3）掌握报表管理系统数据处理与输出的具体内容及操作方法。

期末：结转完工产品成本

期末：结转销售成本

期末：计提短期借款利息

期末：结转未交增值税

期末：结转税费

期末：结转损益

期末：计提并结转所得税

期末：查询库存现金总账

期末：查询科目余额表

1

（4）理解并熟悉报表管理系统不同表页的概念。

〖**实训准备与要求**〗

（1）修改系统时间为 2023 年 1 月 31 日。

（2）引入"D:\实训账套\1-8"文件夹中账套备份数据。

（3）以"W01 学生学号"的身份进行会计报表编制。

〖**实训内容与实训资料**〗

（1）利用报表模板生成利润表。以"lrb.rep"命名，保存到"D:\777 账套备份\9-1"文件夹下。

（2）利用报表模板生成资产负债表。以"zcfzb.rep"命名，保存到"D:\777 账套备份\9-2"文件夹下。

（3）设计并生成大洋科技 2023 年 1 月 31 日管理费用明细表数据。以"glfymxb.rep"命名，保存到"D:\777 账套备份\9-3"文件夹下。相关管理费用明细表如表 1-61 所示。

表 1-61　管理费用明细表

编制单位：北京市大洋科技有限公司　　　　　　2023 年 01 月 31 日　　　　　　单位：元

项　　目	总经理室	财务部	采购部	销售部	仓库	一车间	二车间
职工薪酬							
办公费							
水电费							
折旧费							
差旅费							
其他							
合计							

编制人：学生学号

（4）设计并生成大洋科技 2023 年 1 月指标。以"pjzbxx.rep"命名，保存到"D:\777 账套备份\9-4"文件夹下。相关评价指标信息如表 1-62 所示。

表 1-62　评价指标信息

编制单位：北京市大洋科技有限公司　　　　　　　　　　　　　　　2023 年 01 月 31 日

评价纬度	评价指标	指　标　公　式	评价结果
偿债能力	流动比率	流动资产÷流动负债	
	资产负债率	负债总额÷资产总额	
营运能力	应收账款周转率	销售收入÷存货	
	总资产周转率	销售收入÷应收账款	
盈利能力	成本费用利润率	利润总额÷成本费用总额	
	净资产收益率	净利润÷所有者权益	

编制人：学生学号

项目二　模拟题一

第一部分　初始账套信息设置

一、企业背景资料

账套号：100。

账套名称：上海晨光文具有限公司。

地址：上海市奉贤光明经济开发区金钱公路 3649 号，电话 021 - 57474488。

纳税人识别号：3106603644944448866。

开户银行：交通银行上海奉贤光明支行，银行账号：6220000526782987948。

法人代表：李金泽。

公司生产组织与工艺流程：公司生产部门下设两个生产车间，生产一部单步骤大量生产 MF2007 超细中性笔，生产二部单步骤大量生产 MF2013 中性笔；制造费用在生产一部和生产二部之间平均分配。

启用日期：2023 年 1 月 1 日。

企业类型：工业企业。

行业性质：2007 年新会计制度科目。

基础信息：存货分类。

编码方案：科目编码 4 - 2 - 2 - 2。

数据精度：采用系统默认。

启用系统：总账、固定资产、薪资、应收款、应付款。

启用日期：2023 年 1 月 1 日。

二、操作员及权限设置

设置操作员及操作权限，相关信息如表 2 - 1 所示。

表 2 - 1　操作员及操作权限分工表

用户编号	用户姓名	隶属部门	职务	操作权限分工
W01	张景山	财务部	财务经理	账套主管
W02	胡彭泽	财务部	会计	公共单据、公用目录设置、总账（填制凭证、查询凭证、账表、期末处理）、应收款和应付款（不含收付款单、填制、选择收款和选择付款权限）、固定资产、薪资的所有权限

续　表

用户编号	用户姓名	隶属部门	职务	操 作 权 限 分 工
W03	刘睿	财务部	出纳	收付款单填制、选择收款和选择付款权限、票据的登记、出纳签字、银行对账

备注：取消【仓库】【科目】【工资权限】及【用户】的"记录级"数据权限控制。

三、基础档案设置

（一）设置部门档案

上海晨光文具有限公司相关部门档案信息如表 2-2 所示。

表 2-2　部门档案表

部门编码	部门名称	部门编码	部门名称
1	经理室	5	生产部
2	财务部	501	生产一部
3	采购部	502	生产二部
4	销售部	6	仓储部

（二）设置人员类别

上海晨光文具有限公司人员类别信息如表 2-3 所示。

表 2-3　人员类别表

一级分类编码	二级分类编码	分 类 名 称
101	01	企业管理人员
101	02	采购人员
101	03	销售人员
101	04	车间管理人员
101	05	生产人员

（三）设置人员档案

上海晨光文具有限公司人员档案信息如表 2-4 所示。

表 2-4　人员档案表

人员编码	人员名称	所属部门	雇佣状态	人员类别	性别	是否为业务员	业务或费用部门
101	李金泽	经理室	在职	企业管理人员	男	是	经理室
201	张景山	财务部	在职	企业管理人员	男	是	财务部
202	胡彭泽	财务部	在职	企业管理人员	男	是	财务部
203	刘睿	财务部	在职	企业管理人员	女	是	财务部

续　表

人员编码	人员名称	所属部门	雇佣状态	人员类别	性别	是否为业务员	业务或费用部门
301	赵文星	采购部	在职	采购人员	男	是	采购部
401	王菡	销售部	在职	销售人员	男	是	销售部
501	秦昊	生产一部	在职	车间管理人员	男		
502	何家鸿	生产一部	在职	生产人员	男		
503	许志军	生产一部	在职	生产人员	男		
504	郑彦	生产二部	在职	车间管理人员	男		
505	沈伟	生产二部	在职	生产人员	男		
506	吕宏	生产二部	在职	生产人员	男		
601	陈玮	仓储部	在职	企业管理人员	女	是	仓储部

（四）设置客户档案

上海晨光文具有限公司客户档案信息如表 2-5 所示。

表 2-5　客户档案表

客户编码	客户名称	客户简称	纳税人识别号	地址电话	开户银行	账号
001	上海欧尚超市有限公司	欧尚	310220364367946587	上海市浦东新区世纪大道 448 号,021-57474388	中国银行上海浦东支行	2700600597934522688
003	上海华联超市有限公司	华联	310220364493688356	上海市静安区保定路 348 号,021-57474289	中国工商银行上海静安支行	2700600597934526278

（五）设置供应商档案

上海晨光文具有限公司供应商档案信息如表 2-6 所示。

表 2-6　供应商档案表

供应商编码	供应商名称	供应商简称	税号	地址电话	开户银行	账号
001	上海兴盛有限公司	兴盛	120115777321668890	上海市奉贤区光明镇 16 号,021-60483388	中国银行奉贤光明支行	2700600597934526288
002	上海新益有限公司	新益	310220364627896256	上海市奉贤区经济开发区金钱路 387 号,021-58499327	中国工商银行上海奉贤经济开发区支行	2700600597934534786

（六）设置存货分类

上海晨光文具有限公司存货分类信息如表 2-7 所示。

表 2-7 存 货 分 类 表

分 类 编 码	分 类 名 称
01	原材料
02	产成品
09	其 他

（七）设置计量单位组

上海晨光文具有限公司计量单位组及计量单位信息如表 2-8 所示。

表 2-8 计 量 单 位 表

计量单位组编码	计量单位组名称	计量单位组类别	计量单位编码	计量单位
01	自然单位组	无换算	01	盒

（八）设置存货档案

上海晨光文具有限公司存货档案信息如表 2-9 所示。

表 2-9 存 货 档 案 表

分类编码	所属类别	存货编码	存货名称	计量单位	税率	规格	存货属性
01	原材料	001	0.38 mm 超细笔芯	盒	13%		外购、生产耗用
		002	0.5 mm 笔芯	盒	13%		外购、生产耗用
		003	笔壳	盒	13%		外购、生产耗用
02	产成品	004	MF2007 超细中性笔	盒	13%		自制、内销、外销
		005	MF2013 中性笔	盒	13%		自制、内销、外销

（九）设置会计科目

上海晨光文具有限公司会计科目信息如表 2-10 所示。

表 2-10 会 计 科 目 表

科 目 名 称	方向	辅 助 核 算
库存现金 1001（修改科目）	借	日记账
银行存款 1002（修改科目）	借	日记账、银行账
应收账款 1122（修改科目）	借	客户往来,应收系统
应收票据 1121（修改科目）	借	客户往来,应收系统
预付账款 1123（修改科目）	借	供应商往来,应付系统
其他应收款 1221（修改科目）	借	个人往来
原材料 1403	借	
0.38 mm 超细笔芯 140301（增加科目）	借	数量核算（盒）

科 目 名 称	方向	辅 助 核 算
0.5 mm 笔芯 140302(增加科目)	借	数量核算(盒)
笔壳 140303(增加科目)	借	数量核算(盒)
库存商品 1405(修改科目)	借	项目核算、数量核算(盒)
合同资产 1481(增加科目)	借	客户往来,应收系统
债权投资 1501(修改科目)	借	
其他债权投资 1502(修改科目)	借	
应付票据 2201(修改科目)	贷	供应商往来,应付系统
应付账款 2202(修改科目)	贷	供应商往来,应付系统
预收账款 2203(修改科目)	借	客户往来,应收系统
合同负债 2204(增加科目)	贷	客户往来,应收系统
应付职工薪酬 2211	贷	
工资 221101(增加科目)	贷	
职工福利 221102(增加科目)	贷	
应交税费 2221	贷	
应交增值税 222101(增加科目)	贷	
进项税额 22210101(增加科目)	借	
销项税额 22210102(增加科目)	贷	
进项税额转出 22210103(增加科目)	贷	
转出未交增值税 22210104(增加科目)	贷	
未交增值税 222102(增加科目)	贷	
应交消费税 222103(增加科目)	贷	
应交城建税 222104(增加科目)	贷	
应交教育费附加 222105(增加科目)	贷	
应交地方教育费附加 222106(增加科目)	贷	
应交企业所得税 222107(增加科目)	贷	
应交个人所得税 222108(增加科目)	贷	
利润分配 4104	贷	
未分配利润 410415(增加科目)	贷	
生产成本 5001	借	
直接材料 500101(增加科目)	借	项目核算、部门核算
直接人工 500102(增加科目)	借	项目核算、部门核算
制造费用 500103(增加科目)	借	项目核算、部门核算
制造费用 5101	借	
折旧费 510101(增加科目)	借	

续　表

科　目　名　称	方向	辅　助　核　算
其他 510109（增加科目）	借	
主营业务收入 6001	收入	项目核算、数量核算（盒）
资产处置损益 6115（增加科目）	支出	
主营业务成本 6401	支出	项目核算、数量核算（盒）
销售费用 6601	支出	
工资 660101（增加科目）	支出	
福利费 660102（增加科目）	支出	
社会保险费 660103（增加科目）	支出	
广告费 660104（增加科目）	支出	
业务招待费 660105（增加科目）	支出	
折旧费 660106（增加科目）	支出	
其他 660109（增加科目）	支出	
管理费用 6602	支出	
工资 660201（增加科目）	支出	部门核算
福利费 660202（增加科目）	支出	部门核算
社会保险费 660203（增加科目）	支出	部门核算
办公费 660204（增加科目）	支出	部门核算
业务招待费 660205（增加科目）	支出	部门核算
折旧费 660206（增加科目）	支出	部门核算
差旅费 660207（增加科目）	支出	部门核算
其他 660209（增加科目）	支出	部门核算
信用减值损失 6702（增加科目）	支出	

（十）设置凭证类别

上海晨光文具有限公司凭证类别设置为"记账凭证"。

（十一）设置项目目录

上海晨光文具有限公司产品项目目录信息如表 2-11 所示。

表 2-11　项目目录表

项目设置步骤	设　置　内　容
项目大类	01 产品项目
核算科目	生产成本——直接材料（500101），生产成本——直接人工（500102），生产成本——制造费用（500103），库存商品（1405），主营业务收入（6001），主营业务成本（6401）

续　表

项目设置步骤	设　置　内　容
项目分类	1 自产产品
项目目录	项目编号：1，项目名称：MF2007 超细中性笔，是否结算：否，所属分类码：1
	项目编号：2，项目名称：MF2013 中性笔，是否结算：否，所属分类码：1

（十二）设置结算方式

上海晨光文具有限公司结算方式信息如表 2-12 所示。

表 2-12　结 算 方 式 表

编　号	结算方式名称
1	现金
2	支票
202	转账支票
9	其他

（十三）银行档案信息

银行编码：01，银行名称：交通银行，账号长度：19 位，录入时自动带出的账号长度：15 位。

（十四）设置开户银行信息

上海晨光文具有限公司开户银行信息如表 2-13 所示。

表 2-13　开户银行信息表

项　　目	内　　容
企业开户银行编码	01
开户银行名称	交通银行上海奉贤光明支行
账号	6220000526782987948
账户名	上海晨光文具有限公司
币种	人民币
所属银行	交通银行

温馨提示

⚫ 在增加本单位开户银行时，先将交通银行的企业账户定长修改为19。

（十五）设置单据

1. 设置单据格式

删除销售专用发票、销售普通发票的表头项目"销售类型"。

2. 设置单据编号

修改采购普通发票、采购专用发票、采购运费发票、销售普通发票及销售专用发票的单据编号为完全手工编号。

四、各模块初始设置

（一）应收款管理系统

1. 参数设置

坏账处理方式为"应收余额百分比法"；勾选"自动计算现金折扣"；受控科目制单方式为"明细到单据"。

2. 初始设置

设置基本科目：应收科目为1122，预收科目为2204，税金科目为22210102。

设置结算方式科目：现金对应1001；其余结算方式均对应1002。

设置坏账准备：提取比例为0.5％，坏账准备期初余额为0，坏账准备科目为1231，对方科目为6702。

（二）应付款管理系统

1. 参数设置

勾选"自动计算现金折扣"；受控科目制单依据为"明细到单据"。

2. 初始设置

设置基本科目：应付科目为2202，预付科目为1123，税金科目为22210101。

设置结算方式科目：现金对应1001；其他结算方式均对应1002。

（三）固定资产管理系统

1. 参数设置

固定资产管理系统相关参数信息如表2－14所示。

表 2－14　固定资产管理系统参数表

项　　目	内　　容
启用月份	2023 年 01 月
折旧信息	折旧方法：平均年限法（一） 折旧汇总分配周期：1 个月 当（月初已计提月份＝可使用月份－1）时将剩余折旧全部提足
编码方式	固定资产类别编码方式：2－1－1－2 固定资产编码方式：按"类别编号＋序号"自动编码 卡片序号长度：3
财务接口	与总账管理系统进行对账 固定资产对账科目：1601 累计折旧对账科目：1602 选中"在对账不平情况下允许固定资产月末结账"
补充参数	已注销的卡片 5 年后删除

2. 初始设置

（1）设置固定资产类别。

固定资产管理系统应设置的资产类别信息如表 2 - 15 所示。

表 2 - 15　固定资产类别表

编码	类别名称	单位	折旧年限	净残值率/%	计提属性	折旧方法	卡片式样
01	房屋及建筑物		30 年	5	正常计提	平均年限法（一）	通用样式
02	生产设备		5 年	5	正常计提	平均年限法（一）	含税卡片样式
03	办公设备		3 年	1	正常计提	平均年限法（一）	含税卡片样式
04	运输设备		5 年	1	正常计提	平均年限法（一）	含税卡片样式

（2）设置对应折旧科目。

固定资产管理系统应设置的部门对应折旧科目信息如表 2 - 16 所示。

表 2 - 16　部门对应折旧科目表

部　　门	对应折旧科目
经理室、采购部、财务部、仓储部	660206"管理费用——折旧费"
生产一部、生产二部	510101"制造费用"

（3）设置固定资产增减方式对应的入账科目。

固定资产管理系统应设置增减方式对应的入账科目信息如表 2 - 17 所示。

表 2 - 17　增减方式对应入账科目表

增减方式目录	对应入账科目
增加方式：直接购入	1002"银行存款"
减少方式：报废	1606"固定资产清理"

（4）录入固定资产原始卡片。

固定资产管理系统应录入固定资产原始卡片信息如表 2 - 18 所示。

表 2 - 18　固定资产原始卡片表

固定资产编号	固定资产名称	类别编号	所在部门	增加方式	可使用年限（年）	开始使用日期	原值/元	累计折旧/元	使用状况	净残值率
01001	厂房	01	生产一部、生产二部	在建工程转入	30	2021-6-18	100 000	4 750	在用	5%
01002	仓库	01	仓储部	在建工程转入	30	2021-6-18	100 000	4 750	在用	5%
02001	1 号生产线	02	生产一部	直接购入	5	2022-2-16	20 000	3 166.67	在用	5%
02002	2 号生产线	02	生产二部	直接购入	5	2022-2-16	20 000	3 166.67	在用	5%

续　表

固定资产编号	固定资产名称	类别编号	所在部门	增加方式	可使用年限（年）	开始使用日期	原值/元	累计折旧/元	使用状况	净残值率
03001	联想电脑	03	经理室	直接购入	3	2022-2-14	4 000	1 100	在用	1%
03002	联想电脑	03	采购部	直接购入	3	2022-2-14	4 000	1 100	在用	1%
03003	联想电脑	03	销售部	直接购入	3	2022-2-14	4 000	1 100	在用	1%
03004	联想电脑	03	财务部	直接购入	3	2022-2-14	4 000	1 100	在用	1%
03005	惠普打印机	03	财务部	直接购入	3	2022-2-14	3 000	825	在用	1%
合计							259 000	21 058.34		

（四）薪资管理系统

1. 参数设置

工资类别为"单个工资类别"；扣税设置为"从工资中代扣个人所得税"。

根据表2-19设置个人所得税税率表，将基数修改为5 000.00，附加费用修改为0。

表 2-19　工资薪金个人所得税税率表

级数	全月应纳税所得额（含税级距，元）	税率/%	速算扣除数/元
1	不超过3 000元的	3	0
2	超过3 000元至12 000元的部分	10	210
3	超过12 000元至25 000元的部分	20	1 410
4	超过25 000至35 000元的部分	25	2 660
5	超过35 000至55 000元的部分	30	4 410
6	超过55 000元至80 000元的部分	35	7 160
7	超过80 000元的部分	45	15 160

温馨提示

　　本案例中个人所得税按照分月预缴、年终汇算清缴的方式。分月预缴税依照个人所得税税率表（综合所得适用）按月换算后计算缴纳税款，税前予以扣除的专项扣除、专项附加扣除和其他扣除于年底一并汇算清缴。

2. 初始设置

（1）设置工资项目。

薪资管理系统中应设置的工资项目信息如表2-20所示。

表 2 - 20 工 资 项 目 表

工资项目名称	类型	长度	小数	增减项
基本工资	数字	8	2	增项
奖　金	数字	8	2	增项
交通补贴	数字	8	2	增项
岗位工资	数字	8	2	增项
缺勤扣款	数字	8	2	减项
缺勤天数	数字	8	2	其他
计税工资	数字	8	2	其他

（2）录入人员档案。

薪资管理系统中应录入的人员档案信息如表 2 - 21 所示。

表 2 - 21 人 员 档 案 表

人员编号	人员姓名	性别	行政部门	人员类别	银行名称	银行账号
101	李金泽	男	经理室	企业管理人员	中国工商银行	1307021609007089801
201	张景山	男	财务部	企业管理人员	中国工商银行	1307021609007089802
202	胡彭泽	男	财务部	企业管理人员	中国工商银行	1307021609007089803
203	刘　睿	女	财务部	企业管理人员	中国工商银行	1307021609007089804
301	赵文星	女	采购部	采购人员	中国工商银行	1307021609007089805
401	王　菡	男	销售部	销售人员	中国工商银行	1307021609007089806
501	秦　昊	男	生产一部	车间管理人员	中国工商银行	1307021609007089807
502	何家鸿	男	生产一部	生产人员	中国工商银行	1307021609007089808
503	许志军	男	生产一部	生产人员	中国工商银行	1307021609007089809
504	郑　彦	男	生产二部	车间管理人员	中国工商银行	1307021609007089810
505	沈　伟	男	生产二部	生产人员	中国工商银行	1307021609007089811
506	吕　宏	男	生产二部	生产人员	中国工商银行	1307021609007089812
601	陈　玮	女	仓储部	企业管理人员	中国工商银行	1307021609007089813

（3）设置工资计算公式。

缺勤扣款：

如果缺勤天数≤2 天，缺勤扣款＝（基本工资／22）×缺勤天数×50％

如果缺勤天数＞2 天，缺勤扣款＝（基本工资／22）×缺勤天数

计税工资：

基本工资＋奖金＋交通补贴＋岗位工资－缺勤扣款

（4）设置工资分摊。

薪资管理系统中应设置的工资分摊信息如表 2 - 22 所示。

表 2 – 22 计提工资转账分录一览表

分摊构成设置(计提比例100%)				
部 门 名 称	人 员 类 别	项 目	借方科目	贷方科目
经理室、财务部、仓储部	企业管理人员	应发合计	660201	221101
采购部	采购人员	应发合计	660201	221101
销售部	销售人员	应发合计	660101	221101
生产一部、生产二部	车间管理人员	应发合计	510109	221101
生产一部	生产人员	应发合计	500102(项目1)	221101
生产二部	生产人员	应发合计	500102(项目2)	221101

（5）录入工资数据。

薪资管理系统中应录入的工资数据信息如表 2 – 23 所示。

表 2 – 23 工 资 数 据 表

单位：元

人员编号	人员姓名	性别	行政部门	人员类别	基本工资	奖金	岗位工资
101	李金泽	男	经理室	企业管理人员	6 000	1 000	600
201	张景山	男	财务部	企业管理人员	5 500	800	400
202	胡彭泽	男	财务部	企业管理人员	5 000	600	300
203	刘 睿	女	财务部	企业管理人员	5 000	200	200
301	赵文星	女	采购部	采购人员	5 200	400	400
401	王 菡	男	销售部	销售人员	5 400	800	600
501	秦 昊	男	生产一部	车间管理人员	5 000	600	600
502	何家鸿	男	生产一部	生产人员	5 000	600	600
503	许志军	男	生产一部	生产人员	5 000	600	400
504	郑 彦	男	生产二部	车间管理人员	5 000	600	400
505	沈 伟	男	生产二部	生产人员	5 000	600	400
506	吕 宏	男	生产二部	生产人员	5 000	600	400
601	陈 玮	女	仓储部	企业管理人员	5 000	200	200
合计					67 100	7 600	5 500

（五）总账管理系统初始设置

1. 设置参数

勾选"出纳凭证必须经由出纳签字"；取消"允许修改、作废他人填制的凭证"。

2. 录入总账期初余额

上海晨光文具有限公司 2023 年 1 月总账期初余额如表 2 – 24 所示。

表 2 - 24 总账期初余额表

科 目 名 称	方向	计量	期初余额/元
库存现金 1001	借		10 000.00
银行存款 1002	借		259 990.2
原材料 1403	借		54 000.00
0.38 mm 超细笔芯 140301	借		14 400.00
	借	盒	4 000
0.5 mm 笔芯 140302	借		18 000.00
	借	盒	5 000
笔壳 140303	借		21 600.00
	借	盒	9 000
库存商品 1405	借		396 000.00
MF2007 超细中性笔	借		180 000.00
	借	盒	15 000
MF2013 中性笔	借		216 000.00
	借	盒	15 000
固定资产 1601	借		319 000.00
累计折旧 1602	贷		22 048.34
实收资本 4001	贷		1 000 000.00
利润分配 4104	贷		
未分配利润 410415	贷		16 941.86
合计			1 016 941.86

3. 设置自定义转账凭证

(1) 结转制造费用。(表 2 - 25)

表 2 - 25 结转制造费用会计分录

摘 要	方向	会计科目编码	金 额 公 式
结转制造费用	借	500103 MF2007 超细中性笔	JG( )×0.5
	借	500103 MF2013 中性笔	JG( )×0.5
	贷	510101	QM(510101,月)
	贷	510109	QM(510109,月)

(2) 结转 MF2007 超细中性笔完工成本。(表 2 - 26)

表 2 – 26　结转 MF2007 超细中性笔完工成本会计分录

摘　要	方向	会计科目编码	金　额　公　式
结转 MF2007 超细中性笔完工成本	借	1405（数量 4 000）	JG（　）
	贷	500101 MF2007 超细中性笔	QM（500101,月,,1）
	贷	500102 MF2007 超细中性笔	QM（500102,月,,1）
	贷	500103 MF2007 超细中性笔	QM（500103,月,,1）

（3）结转 MF2013 中性笔完工成本。（表 2 – 27）

表 2 – 27　结转 MF2013 中性笔完工成本会计分录

摘　要	方向	会计科目编码	金　额　公　式
结转 MF2013 中性笔完工成本	借	1405（数量 5 000）	JG（　）
	贷	500101 MF2013 中性笔	QM（500101,月,,2）
	贷	500102 MF2013 中性笔	QM（500102,月,,2）
	贷	500103 MF2013 中性笔	QM（500103,月,,2）

（4）结转销售成本。

库存商品科目 1405,商品销售收入科目 6001,商品销售成本科目 6401。

（5）结转期间损益。

本年利润科目 4103。

第二部分　试 题 题 面

一、初始化设置（20 分）

【任务 1.1】　指定现金科目、银行科目。

【任务 1.2】　设置固定资产、累计折旧、增值税进项税额缺省入账科目。

【任务 1.3】　修改总账控制参数:数量小数位 2、单价小数位 2。

【任务 1.4】　增加客户档案,相关信息如表 2 – 28 所示。

表 2 – 28　客 户 档 案

客户编码	客户名称	客户简称	税　号	地 址 电 话	开 户 银 行	账　号	是否默认值
002	上海宏丰商贸有限公司	宏丰	3102203646 78456980	上海市宝山区保定路 446 号,021 – 45833212	中国工商银行 上海宝山支行	2700600597 934522626	是

【任务 1.5】　增加结算方式,相关信息如表 2 – 29 所示。

表 2 – 29　结 算 方 式

结算方式编号	结算方式名称
201	现金支票

【任务 1.6】　设置薪资公式：交通补贴＝iff(人员类别＝"采购人员" or 人员类别＝"销售人员",400,200)。

【任务 1.7】　设置扣税基数："收入额合计"项对应的项目为"计税工资"。

【任务 1.8】　设置部门对应折旧科目：销售部,销售费用——折旧费 660106。

【任务 1.9】　录入原始卡片并与总账对账,相关原始卡片信息如表 2-30 所示。

表 2-30　原始卡片

卡片编号	00004
固定资产编号及名称	04001 江淮货车
类别编号及名称	04 运输设备
使用部门	销售部
增加方式	直接购入
使用状况	在用
使用年限	5 年
折旧方法	平均年限法(一)
开始使用日期	2022-11-10
原值	60 000 元
累计折旧	990 元
净残值率	1%

二、日常业务处理(70 分)

在总账管理、应收款管理、应付款管理、固定资产管理以及薪资管理系统中对上海晨光文具有限公司 2023 年 1 月份发生的业务进行处理。

【任务 2.1】　2023 年 1 月 1 日,开出现金支票提现备用。取得相关凭证如图 2-1 所示。

图 2-1　[任务 2.1]原始凭证

【任务 2.2】 2023 年 1 月 3 日，采购部赵文星借支差旅费。取得相关凭证如图 2－2 所示。

借 款 单

2023年 01月 03日 第3468 号

借款部门	采购部	姓名	赵文星	事由	出差
借款金额（大写）	零万 贰仟 零佰 零拾 零元 零角 零分 ￥2000.00				
部门负责人签署	赵文星	借款人签章	赵文星	注意事项	一、凡借用公款必须使用本单 二、出差返回后三天内结算
单位领导批示	李金泽	财务经理审核意见	张景山 现金付讫		

图 2－2 ［任务 2.2］原始凭证

【任务 2.3】 2023 年 1 月 5 日，采购笔壳。取得相关凭证如图 2－3、图 2－4 所示。

2100083148 上海增值税专用发票 № 23657776 2100083148 23657776

发 票 联 开票日期：2023年01月05日

购买方	名 称：上海晨光文具有限公司 纳税人识别号：310660364494448866 地 址、电 话：上海市奉贤光明经济开发区金钱公路3649号，021-5747 开户行及账号：交通银行上海奉贤光明支行，6220000526782987948			密码区	48*7>+>-2/3- 5/3750384<1948*7>+>-2//51948*7>+>55 87>*8574<194561948*7>+>7-7<8*873/+< 13-30011521948*7>+><191948*7>+>142>		
货物或应税劳务、服务名称	规格型号	单位	数量	单价	金额	税率	税额
*文具*笔壳	1*12	盒	10000	2.40	24000.00	13%	3120.00
合 计					￥24000.00		￥3120.00
价税合计（大写）	⊗ 人民币贰万柒仟壹佰贰拾圆整				（小写）￥27120.00		
销售方	名 称：上海兴盛有限公司 纳税人识别号：120115777321668890 地 址、电 话：上海奉贤区光明镇16号，021-60483388 开户行及账号：中国银行奉贤光明支行，270060059793452628			备注	上海兴盛有限公司 120115777321668890 发票专用章		

收款人：（略） 复核：（略） 开票人：（略） 销售方：（章）

第三联：发票联 购买方记账凭证

图 2－3 ［任务 2.3］原始凭证 1

入　库　单

2023 年　01 月　05 日　　　　单号 4567

交来单位及部门	上海兴盛有限公司		发票号码或生产单号	23657776		验收仓库	原料库	入库日期	2023年01月05日
编号	名称及规格	单位	数量		单价	金额	备注		
			交库	实收					
1	笔壳	盒	10000	10000	2.40	24000			
合计			10000	10000	—	24000	—		

会计联

部门经理：陈玮　　会计：胡彭泽　　仓库：陈玮　　经办人：赵文星

图 2－4　[任务 2.3]原始凭证 2

【任务 2.4】 2023 年 1 月 7 日，销售 MF2007 超细中性笔。取得相关凭证如图 2－5、图 2－6 所示。

2100083148　　**上海增值税专用发票**　　№32728926　　2100083148　32728926

此联不作报销、扣税凭证使用

开票日期：2023年01月07日

购买方	名称：上海华联超市有限公司 纳税人识别号：310220364493688356 地址、电话：上海市静安区保定路348号，021-57474289 开户行及账号：中国工商银行上海静安支行，2700600597934526278					密码区	48*7>+>-2/3- 9875/3750384<1948*7>+>-2//51948*7>+>55445 45987>*8574<194561948*7>+>7-7<8*873/+<424 67913-30011521948*7>+><191948*7>+>142>>8-	
货物或应税劳务、服务名称	规格型号	单位	数量	单价	金额		税率	税额
*文具*MF2007超细中性笔	1*12	盒	10000	18.00	180000.00		13%	23400.00
合计					¥180000.00			¥23400.00
价税合计（大写）	⊗ 人民币贰拾万零叁仟肆佰圆整						（小写）¥203400.00	
销售方	名称：上海晨光文具有限公司 纳税人识别号：310660364494448866 地址、电话：上海市奉贤光明经济开发区金钱公路3649号，021-574744 开户行及账号：交通银行上海奉贤光明支行，6220000526782987948					备注		

收款人：（略）　复核：（略）　开票人：（略）　销售方：（章）

第一联：记账联　销售方记账凭证

税总函［2022］562号海南华森实业公司

图 2－5　[任务 2.4]原始凭证 1

出 库 单

出货单位：上海晨光文具有限公司　　　2023 年 01 月 07 日　　　　　　　单号：5786

提货单位或领货部	上海华联超市有限公司	销售单号	32728926	发出仓库	成品库	出库日期	2023-01-07

编　号	名 称 及 规 格	单 位	数　量 应 发	数　量 实 发	单 价	金　额
1	MF2007超细中性笔	盒	10000	10000		
	合　计		10000	10000	—	

部门经理：陈玮　　　会计：胡彭泽　　　仓库：陈玮　　　经办人：陈玮

图 2-6　[任务 2.4]原始凭证 2

【任务 2.5】　2023 年 1 月 8 日，采购部赵文星报销差旅费。取得相关凭证如图 2-7～图 2-10 所示。

差旅费报销单
2023年 01 月 08 日

所 属 部 门	采购部	姓 名	赵文星	出差天数	自 01 月 04 日至 01 月 06 日共 3 天		
出差事由	参加会议			借旅支费	日期 2023.01.03	金额 ￥2000.00	
					结算金额：￥2000.00		

出发 月	出发 日	到达 月	到达 日	起 止 地 点	交 通 费	住 宿 费	伙 食 费	其 他
01	04	01	04	上海—北京	536.00	388.00	540.00	
01	06	01	06	北京—上海	536.00			

合 计	零拾 零万 贰仟 零佰 零拾 零元 零角 零分　￥2000.00

总经理：李金泽　　财务经理：张景山　　部门经理：赵文星　　会计：胡彭泽　　出纳：刘睿　　报销人：赵文星

图 2-7　[任务 2.5]原始凭证 1

图 2-8 [任务 2.5]原始凭证 2

图 2-9 [任务 2.5]原始凭证 3

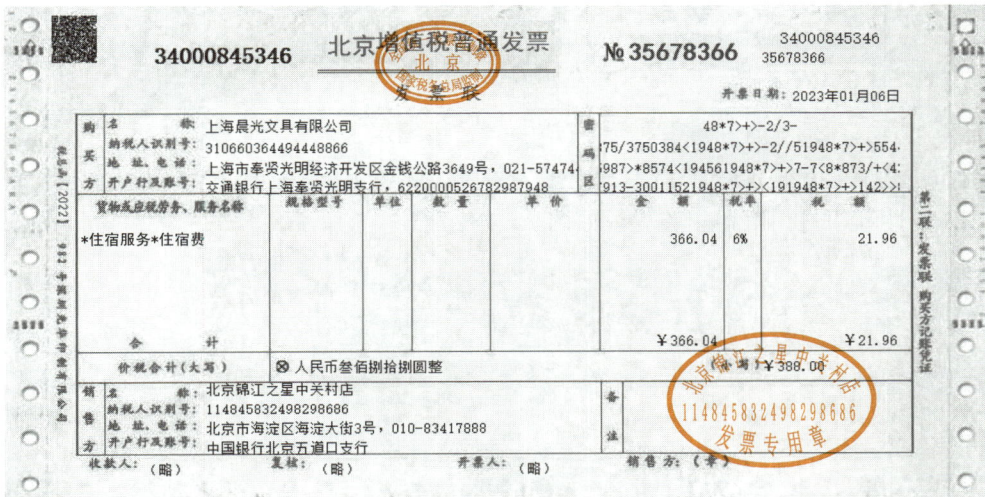

图 2-10 [任务 2.5]原始凭证 4

【任务 2.6】 2023 年 1 月 12 日,销售部报销业务招待费。取得相关凭证如图 2-11、图 2-12 所示。

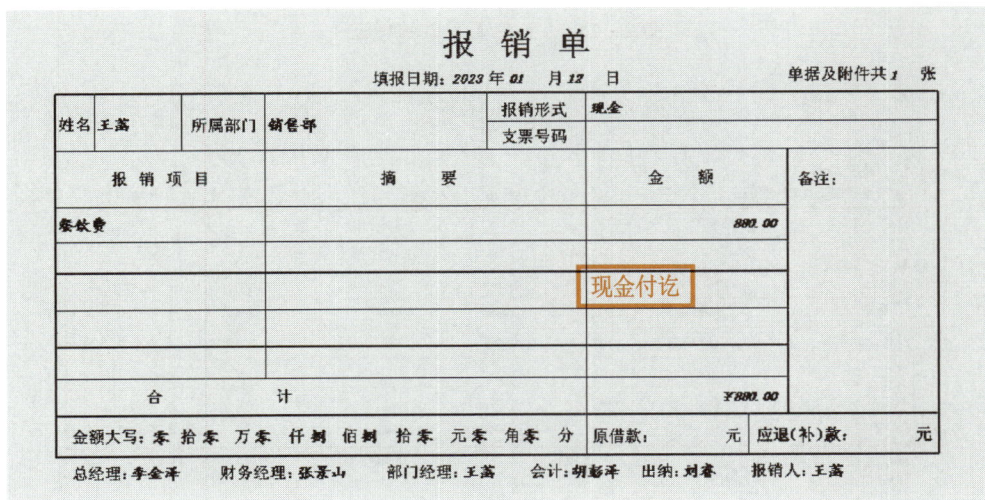

图 2-11 [任务 2.6]原始凭证 1

图 2－12　［任务 2.6］原始凭证 2

【任务 2.7】　2023 年 1 月 14 日，生产一部生产 MF2007 超细中性笔领料，生产二部生产 MF2013 中性笔领料。取得相关凭证如图 2－13、图 2－14 所示。

图 2－13　［任务 2.7］原始凭证 1

图 2－14　［任务 2.7］原始凭证 2

【任务 2.8】 2023 年 1 月 16 日，销售 MF2013 中性笔。取得相关凭证如图 2 - 15、图 2 - 16 所示。

2100083148　　上海增值税专用发票　　№32727836　　2100083148 32727836

此联不作报销、扣税凭证使用　　　　开票日期：2023年01月16日

购买方	名称：上海宏丰商贸有限公司 纳税人识别号：310220364678456980 地址、电话：上海市宝山区保定路446号，021-45833212 开户行及账号：中国工商银行上海宝山支行，2700600597934522626			密码区	48*7>+>-2/3- 9875/3750384<1948*7>+>-2//51948*7>+>55445 45987>*8574<194561948*7>+>7-7<8*873/+<424 67913-30011521948*7>+><191948*7>+>142>>8-		
货物或应税劳务、服务名称	规格型号	单位	数量	单价	金额	税率	税额
*文具*MF2013中性笔	1*12	盒	10000	24.00	240000.00	13%	31200.00
合计					¥240000.00		¥31200.00
价税合计（大写）	⊗人民币贰拾柒万壹仟贰佰圆整				（小写）¥271200.00		
销售方	名称：上海晨光文具有限公司 纳税人识别号：310660364494448866 地址、电话：上海市奉贤光明经济开发区金钱公路3649号，021-574744 开户行及账号：交通银行上海奉贤光明支行，6220000526782987948			备注			

收款人：（略）　复核：（略）　开票人：（略）　销售方：（章）

第一联：记账联　销售方记账凭证

图 2 - 15 ［任务 2.8］原始凭证 1

出　库　单

出货单位：上海晨光文具有限公司　　2023 年 01 月 16 日　　单号：5788

提货单位或领货部门	上海宏丰商贸有限公司	销售单号	32727836	发出仓库	成品库	出库日期	2023-01-16
编号	名称及规格	单位	数量 应发	数量 实发	单价	金额	
1	MF2013中性笔	盒	10000	10000			
合计			10000	10000	—		

部门经理：陈玮　会计：胡彭泽　仓库：陈玮　经办人：陈玮

会计联

图 2 - 16 ［任务 2.8］原始凭证 2

【任务 2.9】 2023 年 1 月 24 日，支付前欠货款。取得相关凭证如图 2-17 所示。

交通银行
转账支票存根
46787868

46787868

附加信息

出票日期 2023 年 01 月 24 日

收款人：	上海兴盛有限公司
金　额：	￥27120.00
用　途：	支付货款

单位主管（略） 会计 （略）

合肥方正三彩印制有限公司 · 2022年印制

图 2-17 ［任务 2.9］原始凭证

【任务 2.10】 2023 年 1 月 25 日，购入传真机一台，交财务部使用。取得相关凭证如图 2-18、图 2-19 所示。

2100083148　　上海增值税专用发票　　№ 33029018　2100083148　33029018

发票联　　开票日期：2023年01月25日

购买方	名　称：上海晨光文具有限公司 纳税人识别号：310660364494448866 地址、电话：上海市奉贤光明经济开发区金钱公路3649号，021-5747 开户行及账号：交通银行上海奉贤光明支行，6220000526782987948	密码区	48*7>+>-2/3- 5/3750384<1948*7>+>-2//51948*7>+>55 87>*8574<194561948*7>+>7-7<8*873/+< 13-30011521948*7>+><191948*7>+>142>

货物或应税劳务、服务名称	规格型号	单位	数量	单价	金额	税率	税额
*通信终端设备*HP传真机		台	1	2000.00	2000.00	13%	260.00
合　计					￥2000.00		￥260.00
价税合计（大写）	⊗ 人民币贰仟贰佰陆拾圆整				（小写）￥2260.00		

销售方	名　称：上海苏宁电器有限公司 纳税人识别号：310880687898366578 地址、电话：上海闵北区中山路3886号，021-37473478 开户行及账号：交通银行上海闵北中山路支行，6220000526782983498	备注	

收款人：（略）　复核：（略）　开票人：（略）　销售方：（章）

第三联：发票联　购买方记账凭证

图 2-18 ［任务 2.10］原始凭证 1

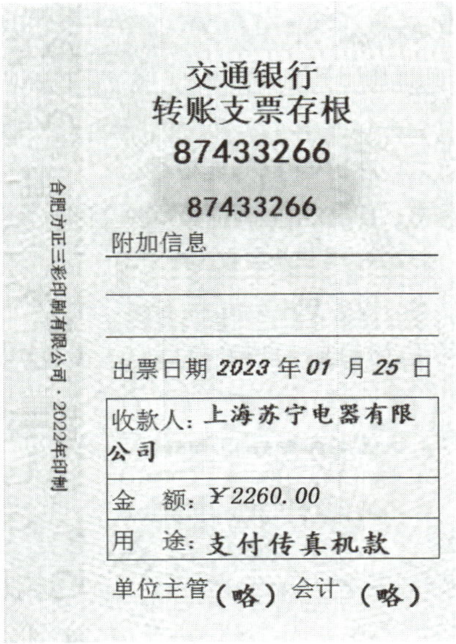

交通银行
转账支票存根
87433266
87433266
附加信息

出票日期 2023 年 01 月 25 日

收款人:	上海苏宁电器有限公司
金 额:	￥2260.00
用 途:	支付传真机款

单位主管（略） 会计 （略）

合肥方正三彩印刷有限公司 · 2022年印制

图 2-19 [任务 2.10]原始凭证 2

2

【任务 2.11】 2023 年 1 月 26 日，收到上海宏丰商贸有限公司的货款。取得相关凭证如图 2-20 所示。

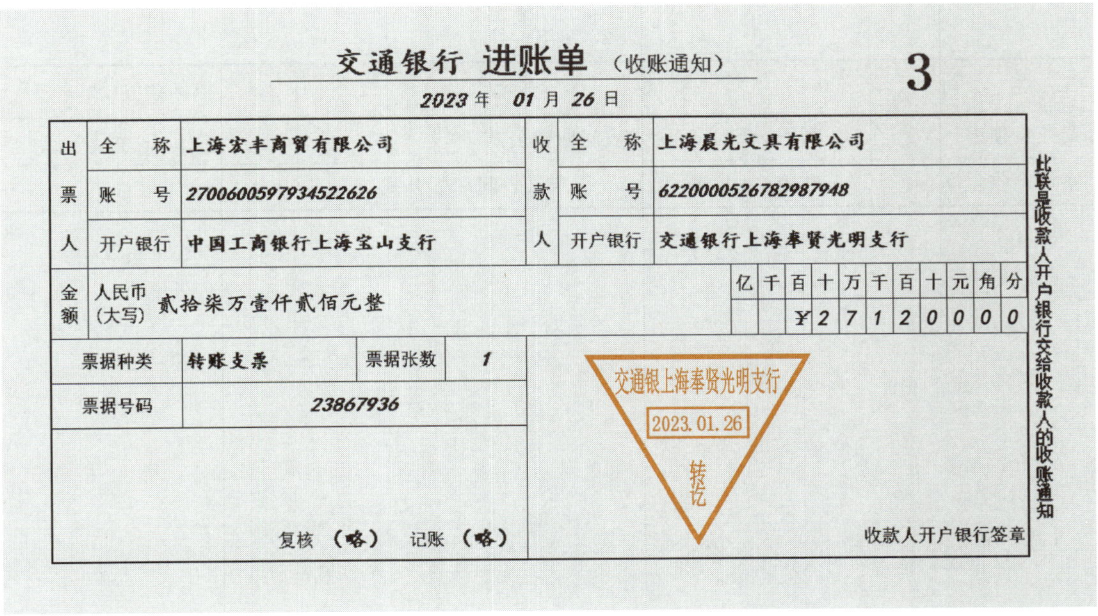

交通银行 进账单 （收账通知） 3

2023 年 01 月 26 日

出票人	全 称	上海宏丰商贸有限公司	收款人	全 称	上海晨光文具有限公司
	账 号	27006005979345 22626		账 号	6220000526782987948
	开户银行	中国工商银行上海宝山支行		开户银行	交通银行上海奉贤光明支行

金额	人民币（大写）	亿	千	百	十	万	千	百	十	元	角	分
	贰拾柒万壹仟贰佰元整			￥	2	7	1	2	0	0	0	0

票据种类	转账支票	票据张数	1
票据号码	23867936		

复核 （略） 记账 （略）

交通银上海奉贤光明支行 2023.01.26 转讫

收款人开户银行签章

此联是收款人开户银行交给收款人的收账通知

图 2-20 [任务 2.11]原始凭证

【任务 2.12】 2023 年 1 月 31 日，生成薪资分摊凭证（合并科目相同、辅助项相同的分录）。

【任务 2.13】 2023 年 1 月 31 日，计提折旧，生成折旧分摊凭证（合并科目相同、辅助项相同的分录）。

【任务 2.14】 2023 年 1 月 31 日，计提坏账准备。

【任务 2.15】 2023 年 1 月 31 日，分配制造费用（制造费用在生产一部、生产二部平均分配）。

【任务 2.16】 2023 年 1 月 31 日，结转完工品成本（生产一部全部完工 MF2007 超细中性笔 4 000 盒，生产二部全部完工 MF2013 中性笔 5 000 盒；分别结转，生成两张凭证）。

【任务 2.17】 2023 年 1 月 31 日，结转销售成本。

【任务 2.18】 2023 年 1 月 31 日，结转期间损益（收入、支出分别结转）。

三、会计报表编制（10 分）

【任务 3.1】 打开考生文件夹下名为 zcfzb.rep 的资产负债表，其中有 4 个计算公式未填写，利用账务函数定义计算公式，重新生成 2023 年 1 月 31 日资产负债表并保存。（考生文件夹路径请查看电子题面）

【任务 3.2】 打开考生文件夹下名为 lrb.rep 的利润表，请仔细阅读计算公式，将本月数中的 2 个错误公式修改正确，重新生成 2023 年 1 月利润表并保存。（考生文件夹路径请查看电子题面）

【任务 3.3】 打开考生文件夹下名为 cwzbfxb.rep 的财务指标分析表，定义数值计算公式，相关指标信息如表 2-31 所示。重新生成 2023 年 1 月财务指标分析表并保存。（考生文件夹路径请查看电子题面）

表 2-31   财务指标分析表

2023 年 1 月

指　　标	要　　　　求	指标数值/%
资产负债率	利用 zcfzb.rep 定义表间取数公式	
净资产收益率	利用 zcfzb.rep 和 lrb.rep 定义表间取数公式	

项目三 模拟题二

第一部分 初始账套信息设置

一、企业背景资料

公司名称：安徽恒鑫电子有限责任公司（简称恒鑫电子）。

性质：有限责任公司，增值税一般纳税人。

纳税人识别号：684464989856126868。

地址及电话：合肥市蜀山路36号，0551-5971057。

开户行及账号：合肥市工商银行明光路支行，6542136546867242261。

生产组织与工艺流程：公司下设两个生产车间，单步骤大量生产鼠标和键盘。

二、操作员及权限设置

设置操作员及操作权限，相关信息如表3-1所示。

表3-1 操作员及操作权限分工表

用户编号	用户姓名	隶属部门	职务	操作分工
W01	程旭东	财务部	财务经理	账套主管
W02	强丽	财务部	会计	公共单据、公用目录设置、总账（填制凭证、查询凭证、账表、期末处理）、应收款和应付款（不含收付款单、填制、选择收款和选择付款权限）、固定资产、薪资的所有权限
W03	李扬春	财务部	出纳	收付款单填制、选择收款和选择付款权限、票据的登记、出纳签字、银行对账

三、建账资料

安徽恒鑫电子有限责任公司的建账资料如表3-2所示。

表3-2 建账资料

账套号	810
账套名称	安徽恒鑫电子有限责任公司
启用会计期	2023年1月1日

续 表

账套存储路径	系统默认路径
单位名称	安徽恒鑫电子有限责任公司
单位简称	恒鑫电子
单位地址	合肥市蜀山路 36 号
法人代表	胡嗣兴
邮政编码	230000
联系电话及传真	0551－5971057
纳税人识别号	684464989856126868
本位代码	RMB
企业类型	工业
行业性质	2007 年新会计制度科目
账套主管	程旭东
按行业性质预设会计科目	按行业性质预设会计科目
基础信息	该企业无外币核算；不对存货、客户、供应商进行分类
分类编码方案	科目编码级次：4－2－2－2；其他科目编码级次采用默认值
需要启用的模块	总账、应收款、应付款、固定资产、薪资
系统启用时间	2023 年 1 月 1 日

四、基础档案设置

（一）设置部门档案

安徽恒鑫电子有限责任公司相关部门档案信息如表 3－3 所示。

表 3－3 部 门 档 案 表

部门编码	部门名称	部门属性
1	综合部	综合管理
2	财务部	财务管理
3	采购部	采购管理
4	销售部	市场营销
5	生产部	产品生产
501	生产一车间	生产鼠标
502	生产二车间	生产键盘
6	仓储部	存货管理

（二）设置人员类别

安徽恒鑫电子有限责任公司人员类别信息如表 3－4 所示。

表 3 - 4　人 员 类 别 表

档 案 编 码	档 案 名 称
10101	企业管理人员
10102	销售人员
10103	车间管理人员
10104	生产人员

（三）设置人员档案

安徽恒鑫电子有限责任公司人员档案信息如表 3 - 5 所示。

表 3 - 5　人 员 档 案 表

人员编码	姓　名	行政部门	人员类别	性别	雇佣状态	是否业务员
101	胡嗣兴	综合部	企业管理人员	男	在职	是
201	程旭东	财务部	企业管理人员	男	在职	是
202	强　丽	财务部	企业管理人员	女	在职	是
203	李扬春	财务部	企业管理人员	男	在职	是
301	赵爱萍	采购部	企业管理人员	女	在职	是
401	艾昀昀	销售部	销售人员	男	在职	是
501	许　萍	生产一车间	车间管理人员	女	在职	是
502	张　成	生产一车间	生产人员	男	在职	是
503	许志军	生产一车间	生产人员	男	在职	是
504	俞昌汉	生产二车间	车间管理人员	男	在职	是
505	张晓敏	生产二车间	生产人员	男	在职	是
506	吕　宏	生产二车间	生产人员	男	在职	是
601	李斯特	仓储部	企业管理人员	女	在职	是

（四）设置存货档案

1. 设置计量单位组及计量单位

安徽恒鑫电子有限责任公司计量单位组及计量单位信息如表 3 - 6 所示。

表 3 - 6　计 量 单 位 表

计量单位组	计量单位（无换算率）
1 基本计量单位	1 千克
	2 个
	3 只

2. 设置存货档案

安徽恒鑫电子有限责任公司存货档案信息如表 3 - 7 所示。

3

表 3-7　存货档案表

存货编码	存货名称	计量单位	税率/%	存货属性
1	ABS 塑料	千克	13	外购、生产耗用
2	博通蓝牙 3.0 芯片	个	13	外购、生产耗用
3	MELOX 芯片	个	13	外购、生产耗用
4	薄膜开关	个	13	外购、生产耗用
5	鼠标	只	13	内销、外销、自制
6	键盘	个	13	内销、外销、自制

（五）设置客户档案

安徽恒鑫电子有限责任公司客户档案信息如表 3-8 所示。

表 3-8　客户档案表

客户编码	客户名称	客户简称	纳税人识别号	地址电话	开户银行	账号
0001	联想集团有限公司	联想集团	321098739102224566	北京市海淀区海淀路 68 号,010-84782888	中国工商银行海淀区海淀路支行	3222000065322106
0002	清华同方股份有限公司	清华同方	321067731209662088	北京市海淀区王庄路 1 号清华同方科技大厦 D 座,010-82399800	中国银行海淀区分行	6222021000255321
0003	英迈电子商贸有限公司	英迈电子	321067317608987666	南京市珠江路 600 号谷阳世纪大厦 601 室,025-83151666	中国建设银行珠江路支行	2353670188600024

（六）设置供应商档案

安徽恒鑫电子有限责任公司供应商档案信息如表 3-9 所示。

表 3-9　供应商档案表

客户编码	供应商名称	供应商简称	纳税人识别号	地址电话	开户银行	账号
0001	东莞市百盈防静电制品有限公司	百盈公司	130185723354481689	东莞市塘厦镇 128 工业区三街,0769-87297388	中国工商银行塘厦镇支行	6222000025532490
0002	深圳市永星科技电子有限公司	永星科技	324115777321257269	深圳市福田区华强北高科德电子城二楼 22913,0755-33060243	中国农业银行福田区支行	6210060059793452
0003	合肥市新凯科技有限公司	新凯公司	140300542231138859	合肥市金寨路 22 号,0551-63602184	中国招商银行金寨路支行	2300600236934526
0004	苏州明浩电子有限公司	明浩电子	640300588731321839	苏州市吴中区横泾工业园后巷工业区 69 号,0512-66397296	中国工商银行吴中区支行	6202005090026669

（七）设置结算方式

安徽恒鑫电子有限责任公司结算方式信息如表 3-10 所示。

表 3-10　结算方式表

结算方式编码	结算方式名称	票据管理
1	现金结算	否
2	支票	否
201	现金支票	否
202	转账支票	否
3	电汇	否
4	银行汇票	否
401	银行承兑汇票	否
402	商业承兑汇票	否
9	其他	否

（八）设置开户银行信息

安徽恒鑫电子有限责任公司开户银行信息如表 3-11 所示。

表 3-11　开户银行信息表

项 目	内 容
企业开户银行编码	01
开户银行名称	合肥市工商银行明光路支行
账号	6542136546867242261
账户名	安徽恒鑫电子有限责任公司
币种	人民币

温馨提示

　　● 在增加本单位开户银行时，先将中国工商银行的企业账户的定长修改为 19。

（九）设置会计科目

（1）安徽恒鑫电子有限责任公司需增加、修改的会计科目信息如表 3-12 所示。

表 3-12　会计科目表

科目编码	科目名称	辅助账类型	账页格式	余额方向	受控系统	单位	银行账	日记账
1001	库存现金		金额式	借				Y
1002	银行存款		金额式	借			Y	Y

3

科目编码	科目名称	辅助账类型	账页格式	余额方向	受控系统	单位	银行账	日记账
100201	工行存款		金额式	借			Y	Y
1121	应收票据	客户往来	金额式	借	应收系统			
112101	银行承兑汇票	客户往来	金额式	借	应收系统			
112102	商业承兑汇票	客户往来	金额式	借	应收系统			
1122	应收账款	客户往来	金额式	借	应收系统			
1123	预付账款	供应商往来	金额式	借	应付系统			
1221	其他应收款	个人往来	金额式	借				
1403	原材料		金额式	借				
140301	ABS 塑料	数量核算	金额式	借		千克		
140302	博通蓝牙 3.0 芯片	数量核算	金额式	借		个		
140303	MELOX 芯片	数量核算	金额式	借		个		
140304	薄膜开关	数量核算	金额式	借		个		
1405	库存商品		金额式	借				
140501	鼠标	数量核算	金额式	借		只		
140502	键盘	数量核算	金额式	借		个		
1481	合同资产	客户往来	金额式	借	应收系统			
1501	债权投资		金额式	借				
1502	其他债权投资		金额式	借				
2201	应付票据	供应商往来	金额式	贷	应付系统			
220101	银行承兑汇票	供应商往来	金额式	贷	应付系统			
220102	商业承兑汇票	供应商往来	金额式	贷	应付系统			
2202	应付账款	供应商往来	金额式	贷	应付系统			
2203	预收账款	客户往来	金额式	贷	应收系统			
2204	合同负债	客户往来	金额式	贷	应收系统			
2211	应付职工薪酬		金额式	贷				
221101	工资		金额式	贷				
221102	社会保险		金额式	贷				
221103	职工福利		金额式	贷				
221104	工会经费		金额式	贷				
221105	职工教育经费		金额式	贷				
2221	应交税费		金额式	贷				
222101	应交增值税		金额式	贷				

续 表

科目编码	科目名称	辅助账类型	账页格式	余额方向	受控系统	单位	银行账	日记账
22210101	进项税额		金额式	借				
22210102	销项税额		金额式	贷				
22210103	进项税额转出		金额式	贷				
22210104	转出未交增值税		金额式	贷				
222102	未交增值税		金额式	贷				
4104	利润分配		金额式	贷				
410415	未分配利润		金额式	贷				
5001	生产成本		金额式	借				
500101	直接材料	项目核算	金额式	借				
500102	直接人工	项目核算	金额式	借				
500103	制造费用	项目核算	金额式	借				
5101	制造费用		金额式	借				
510101	折旧		金额式	借				
510102	工资		金额式	借				
510109	其他		金额式	借				
6115	资产处置损益		金额式	借				
6601	销售费用		金额式	借				
660101	工资		金额式	借				
660102	折旧费		金额式	借				
660103	广告费		金额式	借				
660104	办公费		金额式	借				
660105	差旅费		金额式	借				
660109	其他		金额式	借				
6602	管理费用		金额式	借				
660201	工资		金额式	借				
660202	折旧费		金额式	借				
660203	办公费		金额式	借				
660204	差旅费		金额式	借				
660209	其他		金额式	借				
6702	信用减值损失		金额式	借				

（2）将"1405库存商品"的下级科目成批复制到"6001主营业务收入"科目和"6401主营业务成本"科目中。（包含数量核算；注意会计科目的方向）

（十）设置凭证类别

安徽恒鑫电子有限责任公司凭证类别信息如表 3 - 13 所示。

表 3 - 13　凭证类别表

类　　型	限　制　类　型	限　制　科　目
收款凭证	借方必有	1001、100201
付款凭证	贷方必有	1001、100201
转账凭证	凭证必无	1001、100201

（十一）设置项目目录

安徽恒鑫电子有限责任公司产品项目目录信息如表 3 - 14 所示。

表 3 - 14　项目目录表

项目设置步骤	设　置　内　容
项目大类	01　生产成本核算
核算科目	生产成本——直接材料（500101），生产成本——直接人工（500102），生产成本——制造费用（500103）
项目分类	1　自产产品
项目目录	项目编号：1,项目名称：鼠标,是否结算：否,所属分类编码：1
	项目编号：2,项目名称：键盘,是否结算：否,所属分类编码：1

（十二）设置单据

1. 设置单据格式

删除销售专用发票表头项目"销售类型"。

2. 设置单据编号

修改采购普通发票、采购专用发票、采购运费发票、销售普通发票、销售专用发票编号为完全手工编号。

五、总账管理系统初始设置

（一）设置总账控制参数

总账管理系统相关参数信息如表 3 - 15 所示。

表 3 - 15　总账参数设置表

选项卡	参　数　设　置
凭　　证	取消"现金流量科目必录现金流量项目"；自动填补凭证断号；其他：默认
权　　限	取消"允许修改、作废他人填制的凭证"；出纳凭证必须有出纳签字；其他：默认

(二) 录入总账期初余额

1. 总账期初余额(表 3 - 16)

表 3 - 16 总账期初余额表

科目编码	科目名称	方向	币别/计量	年初余额/元	累计借方	累计贷方	期初余额/元
1001	库存现金	借		6 000	0	0	6 000
1002	银行存款	借		2 845 700	0	0	2 845 700
100201	工行存款	借		2 845 700	0	0	2 845 700
1122	应收账款	借		666 700	0	0	666 700
1123	预付账款	借		20 000	0	0	20 000
1231	坏账准备	贷		3 510	0	0	3 510
1403	原材料	借		469 100			469 100
140301	ABS 塑料	借		110 000	0	0	110 000
		借	千克	5 000	0	0	5 000
140302	博通蓝牙 3.0 芯片	借		252 000	0	0	252 000
		借	个	9 000	0	0	9 000
140303	MELOX 芯片	借		57 600	0	0	57 600
		借	个	12 000	0	0	12 000
140304	薄膜开关	借		49 500	0	0	49 500
		借	个	9 000	0	0	9 000
1405	库存商品	借		860 000	0	0	860 000
140501	鼠标	借		300 000	0	0	300 000
		借	只	20 000	0	0	20 000
140502	键盘	借		560 000	0	0	560 000
		借	个	14 000	0	0	14 000
1601	固定资产	借		2 986 000	0	0	2 986 000
1602	累计折旧	贷		142 931.82	0	0	142 931.82
2001	短期借款	贷		321 000	0	0	321 000
2201	应付票据	贷		37 968			37 968
220101	银行承兑汇票	贷		37 968			37 968
2202	应付账款	贷		158 200	0	0	158 200
2204	合同负债	贷		20 000	0	0	20 000
2211	应付职工薪酬	贷		59 170	0	0	59 170
221101	工资	贷		38 920	0	0	38 920
221102	社会保险	贷		9 860	0	0	9 860

3

续　表

科目编码	科目名称	方向	币别/计量	年初余额/元	累计借方	累计贷方	期初余额/元
221103	职工福利	贷		3 470	0	0	3 470
221104	工会经费	贷		2 360	0	0	2 360
221105	职工教育经费	贷		4 560	0	0	4 560
222102	未交增值税	贷		96 594	0	0	96 594
2231	应付利息	贷		4 280	0	0	4 280
2501	长期借款	贷		3 000 000	0	0	3 000 000
4001	实收资本	贷		3 500 000	0	0	3 500 000
4002	资本公积	贷		187 846.18	0	0	187 846.18
4104	利润分配	贷		322 000	0	0	322 000
410415	未分配利润	贷		322 000	0	0	322 000

2. 应收账款期初余额（表 3-17）

表 3-17　应收账款（1122）期初余额

日　期	客户名称	摘　要	方向	余额/元
2022-12-18	联想集团有限公司	销售部艾昀昀销售鼠标，3 000 个，30 元/只，发票号 64378946	借	101 700.00
2022-12-30	英迈电子商贸有限公司	销售部艾昀昀销售鼠标 5 000 只，30 元/只，销售键盘 5 000 个，70 元/个，发票号 86549368	借	565 000.00

3. 预收账款期初余额（表 3-18）

表 3-18　合同负债（2204）期初余额

日　期	客户名称	摘　要	方向	余额/元	结算方式
2022-12-22	清华同方股份有限公司	收到清华同方预付的货款，票号 12680123	贷	20 000.00	电汇

4. 应付账款期初余额（表 3-19）

表 3-19　应付账款（2202）期初余额

日　期	供应商名称	摘　要	方向	余额/元
2022-12-18	深圳市永星科技电子有限公司	采购部赵爱萍采购博通蓝牙 3.0 芯片，5 000 个，28 元/个，发票号 12688959	借	158 200.00

5.应付票据期初余额（表 3-20）

表 3-20　应付票据——银行承兑汇票（220101）期初余额

日　　期	供应商名称	摘　　要	方向	余额/元
2022-12-13	苏州明浩电子有限公司	采购 MELOX 芯片，7 000 个，4.8 元/个，银行承兑汇票票号 89312584，票面利率 6%，2023-04-13 到期	借	37 968.00

6.应付账款期初余额（表 3-21）

表 3-21　预付账款（1123）期初余额

日　　期	供应商名称	摘　　要	方向	余额/元	结算方式
2022-12-30	东莞市百盈防静电制品有限公司	预付百盈公司货款 20 000.00 元	借	20 000.00	电汇

（三）自定义转账凭证设置

1.设置结转完工产品成本的自定义转账凭证

自定义结转完工产品成本的转账凭证如表 3-22、表 3-23 所示。

表 3-22　鼠标完工成本结转　　　　（转账序号：0001）

摘　　要	方向	会计科目编码	项　目	金　额　公　式
结转鼠标完工成本	借	140501		JG（　）
	贷	500101	鼠标	取 500101 期末余额
	贷	500102	鼠标	取 500102 期末余额
	贷	500103	鼠标	取 500103 期末余额

表 3-23　键盘完工成本结转　　　　（转账序号：0002）

摘　　要	方向	会计科目编码	项　目	金　额　公　式
结转键盘完工成本	借	140502		JG（　）
	贷	500101	键盘	取 500101 期末余额
	贷	500102	键盘	取 500102 期末余额
	贷	500103	键盘	取 500103 期末余额

2.设置结转销售成本转账凭证

六、固定资产管理系统初始设置

（一）设置固定资产管理系统参数

固定资产管理系统相关参数信息如表 3-24 所示。

表 3-24　固定资产管理系统参数表

系统参数	设置内容
启用月份	2022 年 1 月
折旧信息	本账套计提折旧 折旧方法：平均年限法（一） 折旧汇总分配周期：1 个月 当（月初已计提月份＝可使用月份－1）时将剩余折旧全部提足
编码方式	资产类别编码方式：2-1-1-2 固定资产编码方式：按"类别编号＋序号"自动编码 卡片序号长度：3
财务接口	固定资产对账科目：1601 累计折旧对账科目：1602 选中"在对账不平情况下允许固定资产月末结账"
与账务系统接口	固定资产缺省入账科目：1601 累计折旧缺省入账科目：1602 减值准备缺省入账科目：1603 增值税进项税额缺省入账科目：22210101 固定资产清理缺省入账科目：1606 选中"业务发生后立即制单"

（二）设置对应折旧科目

固定资产管理系统应设置的部门对应折旧科目信息如表 3-25 所示。

表 3-25　部门对应折旧科目表

部门	对应折旧科目
综合部、采购部、财务部、仓储部	660202"管理费用——折旧费"
一车间、二车间	510101"制造费用——折旧费"
销售部	660102"销售费用——折旧费"

（三）设置固定资产类别

固定资产管理系统应设置的固定资产类别信息如表 3-26 所示。

表 3-26　固定资产类别表

编码	类别名称	折旧年限（总工作量）	净残值率/%	计提属性	折旧方法	卡片式样
01	房屋及建筑物	30 年	5	正常计提	平均年限法一	通用样式（二）
02	生产设备	10 年	5	正常计提	平均年限法一	通用样式（二）
03	办公设备	5 年	1	正常计提	平均年限法一	通用样式（二）
04	运输设备	8 年	5	正常计提	平均年限法一	通用样式（二）

（四）录入固定资产原始卡片

固定资产管理系统应录入固定资产原始卡片信息如表 3-27 所示。

表 3 – 27　固定资产原始卡片表

固定资产编号	固定资产名称	类别编号	所在部门	增加方式	可使用年限/年	开始使用日期	数量	原值/元	累计折旧/元	使用状况	净残值率
01001	厂房	01	综合部30%、财务部、采购部、销售部各占20%,仓储部占10%	在建工程转入	30	2021 – 6 – 18	1	800 000	38 000	在用	5%
02001	银点自动组装机	02	一车间	直接购入	10	2021 – 8 – 10	1	600 000	25 333.33	在用	5%
02002	涂装设备	02	二车间	直接购入	10	2021 – 8 – 10	1	800 000	33 777.78	在用	5%
02003	鼠标键盘装配线	02	一车间40%、二车间60%	直接购入	10	2021 – 8 – 10	1	600 000	25 333.33	在用	5%
03001	联想台式电脑	03	综合部	直接购入	5	2021 – 12 – 10	1	5 000	990	在用	1%
03002	联想台式电脑	03	财务部	直接购入	5	2021 – 12 – 10	1	5 000	990	在用	1%
03003	联想台式电脑	03	采购部	直接购入	5	2021 – 12 – 10	1	5 000	990	在用	1%
03004	联想台式电脑	03	销售部	直接购入	5	2021 – 12 – 10	1	5 000	990	在用	1%
03005	联想台式电脑	03	一车间50%、二车间50%	直接购入	5	2021 – 12 – 10	1	5 000	990	在用	1%
03006	联想台式电脑	03	仓储部	直接购入	5	2021 – 12 – 10	1	5 000	990	在用	1%
03007	惠普打印机	03	财务部	直接购入	5	2021 – 12 – 10	1	6 000	1 188	在用	1%
04001	高尔夫轿车	04	综合部	直接购入	8	2022 – 3 – 25	1	150 000	13 359.38	在用	5%
合计								2 986 000	142 931.82		

3

七、薪资管理系统初始设置

(一) 设置薪资管理系统参数

薪资管理系统相关参数信息如表 3 – 28 所示。

表 3 – 28　薪资管理系统参数表

控制参数	内　　容
参数设置	单个工资类别;不核算计件工资
扣税设置	从工资中代扣个人所得税

续表

控制参数	内　容
扣零设置	不扣零
人员编码	与公共平台的人员编码一致

根据表 3-29 设置个人所得税税率表,将基数修改为 5 000.00,附加费用修改为 0。

表 3-29　工资薪金个人所得税税率表

级数	全月应纳税所得额(含税级距,元)	税率/%	速算扣除数/元
1	不超过 3 000 元的	3	0
2	超过 3 000 元至 12 000 元的部分	10	210
3	超过 12 000 元至 25 000 元的部分	20	1 410
4	超过 25 000 至 35 000 元的部分	25	2 660
5	超过 35 000 至 55 000 元的部分	30	4 410
6	超过 55 000 元至 80 000 元的部分	35	7 160
7	超过 80 000 元的部分	45	15 160

温馨提示

● 本案例中个人所得税按照分月预缴、年终汇算清缴的方式。分月预缴税依照个人所得税税率表(综合所得适用)按月换算后计算缴纳税款,税前予以扣除的专项扣除、专项附加扣除和其他扣除于年底一并汇算清缴。

(二)录入人员档案

薪资管理系统中应录入的人员档案信息如表 3-30 所示。

表 3-30　人员档案表

人员编码	姓　名	行政部门	人员类别	性别	银行名称	银行账号
101	胡嗣兴	综合部	企业管理人员	男	中国工商银行	6222021609007089601
201	程旭东	财务部	企业管理人员	男	中国工商银行	6222021609007089602
202	强　丽	财务部	企业管理人员	女	中国工商银行	6222021609007089603
203	李扬春	财务部	企业管理人员	男	中国工商银行	6222021609007089604
301	赵爱萍	采购部	企业管理人员	女	中国工商银行	6222021609007089605
401	艾昀昀	销售部	销售人员	男	中国工商银行	6222021609007089606
501	许　萍	生产一车间	车间管理人员	女	中国工商银行	6222021609007089607
502	张　成	生产一车间	生产人员	男	中国工商银行	6222021609007089608
503	许志军	生产一车间	生产人员	男	中国工商银行	6222021609007089609

续 表

人员编码	姓　名	行政部门	人员类别	性别	银行名称	银行账号
504	俞昌汉	生产二车间	车间管理人员	男	中国工商银行	6222021609007089610
505	张晓敏	生产二车间	生产人员	男	中国工商银行	6222021609007089611
506	吕　宏	生产二车间	生产人员	男	中国工商银行	6222021609007089612
601	李斯特	仓储部	企业管理人员	女	中国工商银行	6222021609007089613

（三）设置工资项目

薪资管理系统中应设置的工资项目信息如表3-31所示。

表 3-31　工 资 项 目 表

工资项目名称	类型	长度	小数	增减项
基本工资	数字	8	2	增项
奖金	数字	8	2	增项
交通补贴	数字	8	2	增项
岗位工资	数字	8	2	增项
日工资	数字	8	2	其他
缺勤扣款	数字	8	2	减项
缺勤天数	数字	8	2	其他
计税工资	数字	8	2	其他

（四）设置工资计算公式

薪资管理系统中应设置的工资计算公式信息如表3-32所示。

表 3-32　工资计算公式表

薪资项目	计　算　公　式
交通补贴	企业管理人员每月800元；销售人员每月1 000元；车间管理人员、生产人员每月600元
日工资	（基本工资＋岗位工资）/30
缺勤扣款	如果缺勤天数≤2天，缺勤扣款＝日工资×缺勤天数×50% 如果缺勤天数＞2天，缺勤扣款＝日工资×缺勤天数
计税工资	基本工资＋奖金＋交通补贴＋岗位工资

（五）设置个人所得税计税基数

将"个人所得税"的扣税依据修改为"计税工资"。

（六）录入工资数据

薪资管理系统中应录入的工资数据信息如表3-33所示。

3

表 3-33　工 资 数 据 表

人员编号	人员姓名	行政部门	人员类别	基本工资/元	奖金/元	岗位工资/元	缺勤天数/天
101	胡嗣兴	综合部	企业管理人员	6 000	1 000	600	
201	程旭东	财务部	企业管理人员	5 500	800	400	
202	强　丽	财务部	企业管理人员	5 000	600	300	1
203	李扬春	财务部	企业管理人员	5 000	200	200	
301	赵爱萍	采购部	企业管理人员	5 200	400	400	3
401	艾昀昀	销售部	销售人员	5 000	400	300	
501	许　萍	生产一车间	车间管理人员	5 400	800	600	
502	张　成	生产一车间	生产人员	5 000	600	400	
503	许志军	生产一车间	生产人员	5 000	600	400	
503	俞昌汉	生产二车间	车间管理人员	5 000	600	600	2
504	张晓敏	生产二车间	生产人员	5 000	600	600	
506	吕　宏	生产二车间	生产人员	5 000	600	600	
601	李斯特	仓储部	企业管理人员	5 000	600	400	
合　　计				67 100	7 800	5 800	6

（七）设置工资分摊

公司承担的工会经费、职工教育经费分别为 2% 和 8%，计提基数为应发合计。相关信息如表 3-34、表 3-35 所示。

表 3-34　计提工资转账分录一览表

分摊构成设置(计提比例100%)				
部门名称	人员类别	项　　目	借方科目	贷方科目
综合部、财务部、采购部、仓储部	企业管理人员	应发合计	660201	221101
销售部	销售人员	应发合计	660101	221101
一车间、二车间	车间管理人员	应发合计	510102	221101
一车间	生产人员	应发合计	500102(鼠标)	221101
二车间	生产人员	应发合计	500102(键盘)	221101

表 3-35　计提职工教育经费转账分录一览表

分摊构成设置(计提比例8%)				
部门名称	人员类别	项　　目	借方科目	贷方科目
综合部、采购部、财务部、仓储部	企业管理人员	应发合计	660201	221105
销售部	销售人员	应发合计	660101	221105

分摊构成设置（计提比例8%）				
部门名称	人员类别	项　　目	借方科目	贷方科目
一车间、二车间	车间管理人员	应发合计	510102	221105
一车间	生产人员	应发合计	500102（鼠标）	221105
二车间	生产人员	应发合计	500102（键盘）	221105

八、应收款管理系统

（一）参数设置

单据审核日期依据为"单据日期"，坏账处理方式为"应收余额百分比法"，勾选"自动计算现金折扣"，受控科目制单方式为"明细到单据"。

（二）初始设置

1. 设置基本科目

应收科目：1122 应收账款；预收科目：2204 合同负债；税金科目：22210102 应交税费——应交增值税——销项税额；现金折扣科目：6603 财务费用；票据利息科目：6603 财务费用；票据费用科目：6603 财务费用。

2. 设置控制科目

应收科目：1122 应收账款；预收科目：2204 合同负债。

3. 设置结算方式科目

现金结算方式科目：1001 库存现金；现金支票结算方式科目：100201 银行存款——工行存款，转账支票结算方式：100201 银行存款——工行存款，电汇结算方式科目：100201 银行存款——工行存款；其他结算方式科目：100201 银行存款——工行存款。

（三）录入期初余额

1. 应收账款期初余额（表 3-36）

表 3-36　应收账款（1122）期初余额

日　　期	客户名称	摘　　要	方向	余额/元
2022-12-18	联想集团有限公司	销售部艾昀昀销售鼠标，3 000 个，30 元/只，发票号 64378946	借	101 700.00
2022-12-30	英迈电子商贸有限公司	销售部艾昀昀销售鼠标 5 000 只，30 元/只，销售键盘 5 000 个，70 元/个，发票号 86549368	借	565 000.00

2. 预收账款期初余额（表 3-37）

表 3-37　合同负债（2204）期初余额

日　　期	客户名称	摘　　要	方向	余额/元	结算方式
2022-12-22	清华同方股份有限公司	收到清华同方预付的货款，票号 12680123	贷	20 000.00	电汇

3

九、应付款管理系统

(一) 参数设置

单据审核日期依据为"单据日期";勾选自动计算现金折扣;受控科目制单依据为"明细到单据"。

(二) 初始设置

1. 设置基本科目

银行承兑汇票科目：220101 应付票据——银行承兑汇票,商业承兑汇票科目：220102 应付票据——商业承兑汇票,票据利息科目：6603 财务费用,票据费用科目：6603 财务费用。

2. 设置控制科目

应付科目：2202 应付账款,预付科目：1123 预付账款。

3. 设置结算方式科目

现金结算方式科目：1001 库存现金;现金支票结算方式科目：100201 银行存款——工行存款,转账支票结算方式：100201 银行存款——工行存款,电汇结算方式科目：100201 银行存款——工行存款;其他结算方式科目：100201 银行存款——工行存款。

(三) 录入期初余额

1. 应付账款期初余额(表 3-38)

表 3-38　应付账款(2202)期初余额

日　　期	供应商名称	摘　　要	方向	余额/元
2022-12-18	深圳市永星科技电子有限公司	采购部赵爱萍采购博通蓝牙 3.0 芯片,5 000 个,28 元/个,发票号 12688959	借	158 200.00

2. 应付票据期初余额(表 3-39)

表 3-39　应付票据——银行承兑汇票(220101)期初余额

日　　期	供应商名称	摘　　要	方向	余额/元
2022-12-13	苏州明浩电子有限公司	采购 MELOX 芯片,7 000 个,4.8 元/个,银行承兑汇票票号 89312584,票面利率 6%,2023-04-13 到期	借	37 968.00

第二部分　试题题面

一、初始化设置(20 分)

【任务 1.1】 增加客户档案,相关信息如表 3-40 所示。

表 3-40　客　户　档　案

客户编码	客户名称	客户简称	纳税人识别号	地址电话	开户银行	账号
0004	恒隆电子商贸有限公司	恒隆电子	3210663156 18369889	芜湖市镜湖区步行街 88 号,0553-84585656	中国工商银行步行街支行	41809034 57821082

【任务 1.2】　设置付款条件,相关信息如表 3-41 所示。

表 3-41　付款条件

付款条件编码	信用天数	优惠天数 1	优惠率 1	优惠天数 2	优惠率 2
01	30	10	2	20	1

【任务 1.3】　将库存现金科目指定为现金总账科目、银行存款科目指定为银行总账科目。

【任务 1.4】　设置总账参数:将总账管理系统的"数量小数位""单价小数位""本位币精度"分别修改为 2、2、2。

【任务 1.5】　录入预付账款期初余额,相关信息如表 3-42 所示。

表 3-42　预付账款期初余额

日　　期	供应商名称	摘　　要	方向	余额/元	结算方式
2022-12-30	东莞市百盈防静电制品有限公司	预付百盈公司货款 20 000.00 元,电汇票号 23697841	借	20 000.00	电汇

【任务 1.6】　在固定资产管理系统中,将生产类设备和办公类设备的卡片样式修改为含税卡片样式。

【任务 1.7】　设置计提工会经费的工资分摊,相关信息如表 3-43 所示。

表 3-43　计提工会经费转账分录一览表

分摊构成设置(计提比例 2%)				
部门名称	人员类别	项　　目	借方科目	贷方科目
综合部、采购部、财务部、仓储部	企业管理人员	应发合计	660201	221104
销售部	销售人员	应发合计	660101	221104
一车间、二车间	车间管理人员	应发合计	510102	221104
一车间	生产人员	应发合计	500102(鼠标)	221104
二车间	生产人员	应发合计	500102(键盘)	221104

【任务 1.8】　设置应付款管理系统基本科目:应付科目、预付科目、税金科目、现金折扣科目。

【任务 1.9】　在总账管理系统中,设置结转期间损益的转账凭证。

【任务 1.10】　在应收款管理系统中设置坏账准备:提取比率:0.5%,坏账准备期初余额为 3 510.00 元,坏账准备科目:1231 坏账准备,坏账准备对方科目:6702 信用减值损失。

二、日常业务处理(70 分)

在总账、应收款管理、应付款管理、固定资产管理以及薪资管理系统中,对恒鑫电子 2023 年 1 月份发生的业务进行处理。

【任务 2.1】 2023 年 1 月 1 日，财务部程旭东预借差旅费。取得相关凭证如图 3－1 所示。

借 款 单

2023年01月01日 第008 号

借款部门	财务部	姓名	程旭东	事由	出差
借款金额（大写）	零万 叁仟 零佰 零拾 零元 零角 零分	￥3000.00			
部门负责人签署	略	借款人签章	程旭东	注意事项	一、凡借用公款必须使用本单 二、出差返回后三天内结算
单位领导批示	略	财务经理审核意见	略 现金付讫		

图 3－1 ［任务 2.1］原始凭证

【任务 2.2】 2023 年 1 月 3 日，车间领料（分别制单）。取得相关凭证如图 3－2、图 3－3 所示。

领 料 单

领料部门：一车间

用　途：生产鼠标　　2023 年 01 月 03 日　　第 22 号

材料			单位	数量		成本										
						单价	总价									
编号	名称	规格		请领	实发		百	十	万	千	百	十	元	角	分	会计联
	ABS塑料		千克	800.00	800.00	22.00			1	7	6	0	0	0	0	
	MELOX芯片		个	10000.00	10000.00	4.80			4	8	0	0	0	0	0	
合计									6	5	6	0	0	0	0	

部门经理：略　　会计：略　　仓库：略　　经办人：略

图 3－2 ［任务 2.2］原始凭证 1

3

领 料 单

领料部门：二车间
用　途：生产键盘　　　　　　　　　　2023 年 01 月 03 日　　　　　　　第　22 号

材料			单位	数量		成本										
编号	名　称	规　格		请领	实发	单价	总价									
							百	十	万	千	百	十	元	角	分	
	ABS塑料		千克	1500.00	1500.00	22.00		3	3	0	0	0	0	0	0	会计联
	博通蓝牙3.0芯片		个	8000.00	8000.00	28.00		2	2	4	0	0	0	0	0	
合计								2	5	7	0	0	0	0	0	

部门经理：略　　　　　会计：略　　　　　仓库：略　　　　　经办人：略

图 3-3　[任务 2.2]原始凭证 2

【任务 2.3】 2023 年 1 月 5 日，收到联想集团前欠货款。取得相关凭证如图 3-4 所示。

中国工商银行 进账单 （收账通知） 3

2023 年 01 月 05 日

出票人	全　称	联想集团有限公司	收款人	全　称	安徽恒鑫电子有限责任公司
	账　号	3222000065322106		账　号	6542136546867242261
	开户银行	中国工商银行海淀区海淀路支行		开户银行	合肥市工商银行明光路支行

金额	人民币（大写）	壹拾万零壹仟柒佰元整	亿	千	百	十	万	千	百	十	元	角	分
					¥	1	0	1	7	0	0	0	0

票据种类	转账支票	票据张数	1
票据号码		20230108	

合肥市工商银行明光路支行
2023.01.05
转讫

复核　（略）　记账　（略）　　　　　　　　　　收款人开户银行签章

此联是收款人开户银行交给收款人的收账通知

图 3-4　[任务 2.3]原始凭证

【任务 2.4】 2023 年 1 月 8 日，支付一车间银点自动组装机的维修费(总账处理)。取得相关凭证如图 3－5、图 3－6 所示。

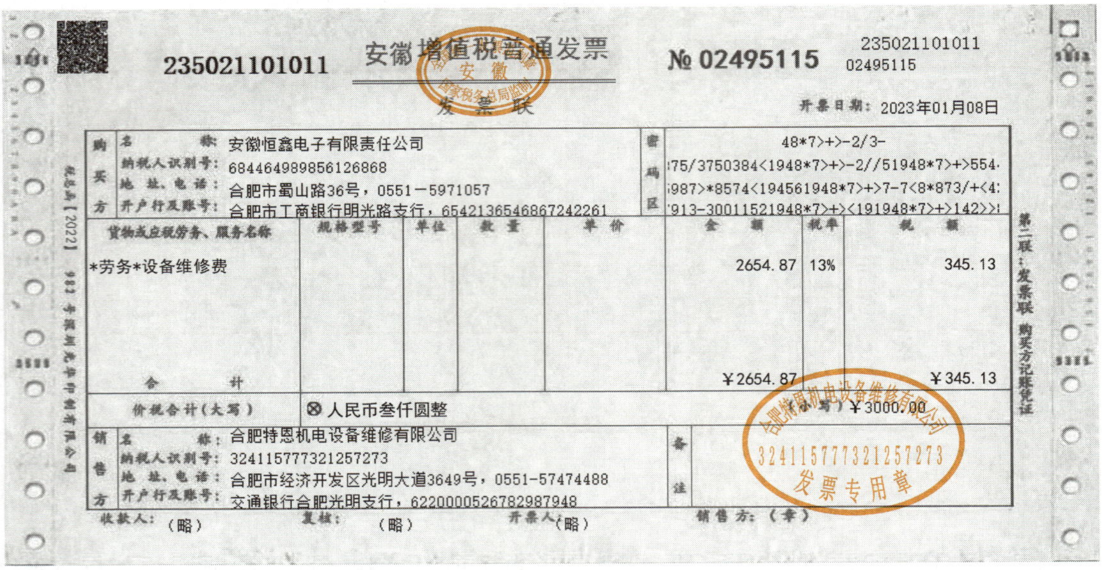

235021101011 安徽增值税普通发票 № 02495115 235021101011 02495115

发票联 开票日期：2023年01月08日

购买方	名称：安徽恒鑫电子有限责任公司 纳税人识别号：684464989856126868 地址、电话：合肥市蜀山路36号，0551－5971057 开户行及账号：合肥市工商银行明光路支行，6542136546867242261				密码区	48*7>+>-2/3- 75/3750384<1948*7>+>-2//51948*7>+>554 987>*8574<194561948*7>+>7-7<8*873/+<4 913-30011521948*7>+><191948*7>+>142>>	
货物或应税劳务、服务名称	规格型号	单位	数量	单价	金额	税率	税额
*劳务*设备维修费					2654.87	13%	345.13
合计					￥2654.87		￥345.13
价税合计(大写)	⊗人民币叁仟圆整				(小写)￥3000.00		
销售方	名称：合肥特恩机电设备维修有限公司 纳税人识别号：324115777321257273 地址、电话：合肥市经济开发区光明大道3649号，0551-57474488 开户行及账号：交通银行合肥光明支行，6220000526782987948				备注		

收款人：(略) 复核：(略) 开票人：(略) 销售方：(章)

图 3－5 [任务 2.4]原始凭证 1

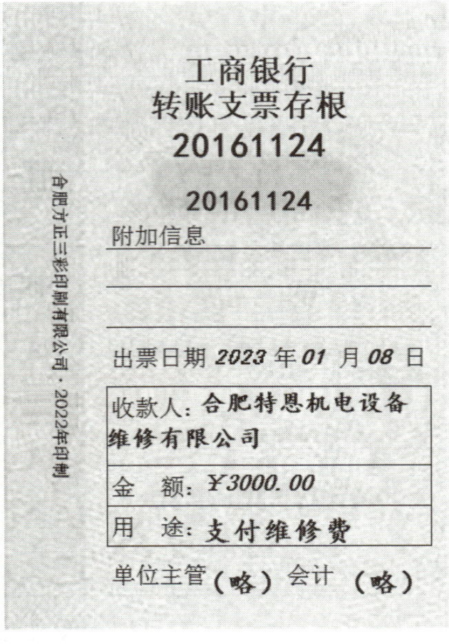

工商银行
转账支票存根
20161124
20161124

附加信息

出票日期 2023 年 01 月 08 日

收款人：合肥特恩机电设备维修有限公司

金 额：￥3000.00

用 途：支付维修费

单位主管 (略) 会计 (略)

合肥方正三彩印刷有限公司 · 2022年印制

图 3－6 [任务 2.4]原始凭证 2

【任务 2.5】 2023 年 1 月 10 日,财务部程旭东出差归来,报销差旅费。超出部分用现金付讫(合并制单)。取得相关凭证如图 3-7 所示。

差旅费报销单

2023 01 月 10 日

所属部门	财务部			姓名	程旭东	出差天数	自 01 月 01 日至 01 月 06 日共 06 天		
出差事由	调研					借旅支费	日期 2023.01.01	金额 ￥3000.00	
							结算金额￥3272.00		
出发		到达		起 止 地 点	交 通 费	住 宿 费	伙 食 费	其 他	
月	日	月	日						
01	01	01	02	合肥—深圳	736.00	1200.00	600.00		
01	05	01	06	深圳—合肥	736.00				
							现金付讫		
		合 计		零拾 零万 叁仟 贰佰 柒拾 贰元 零角 零分 ￥3272.00					

总经理:略 财务经理:略 部门经理:略 会计:略 出纳:略 报销人:程旭东

图 3-7 [任务 2.5]原始凭证

【任务 2.6】 2023 年 1 月 13 日,采购部赵爱萍从百盈公司采购 ABS 塑料。取得相关凭证如图 3-8、图 3-9 所示。

图 3-8 [任务 2.6]原始凭证 1

入 库 单

2023 年 01 月 13 日　　　　　单号 32

交来单位及部门	东莞市百盈防静电制品有限公司	发票号码或生产单号	12485691		验收仓库	材料库	入库日期	2023年01月13日	
编号	名称及规格	单位	数量		单价	金额	备注		
			交库	实收					
	ABS塑料	千克	10000.00	10000.00	22.00	220000.00			
	合　　计		10000.00	10000.00	—	220000.00	—		

部门经理：（略）　　　　会计：（略）　　　　仓库：（略）　　　　经办人：（略）

会计联

图 3-9　[任务 2.6]原始凭证 2

【任务 2.7】　2023 年 1 月 14 日，销售部艾昀昀向清华同方销售鼠标和键盘。取得相关凭证如图 3-10、图 3-11 所示。

图 3-10　[任务 2.7]原始凭证 1

中国银行　进账单（收账通知）　　　　**3**

2023 年　01 月　14 日

出票人	全　称	清华同方股份有限公司	收款人	全　称	安徽恒鑫电子有限责任公司
	账　号	6222021000255321		账　号	6542136546867242261
	开户银行	中国银行海淀区分行		开户银行	合肥市工商银行明光路支行
金额	人民币（大写）	玖拾万肆仟元整		亿千百十万千百十元角分	¥90400000
票据种类	转账支票	票据张数	1		
票据号码	80231489				
复核（略）　记账（略）				收款人开户银行签章	合肥市工商银行明光路支行 2023.01.14 转讫

此联是收款人开户银行交给收款人的收账通知

图 3－11　［任务 2.7］原始凭证 2

【任务 2.8】　2023 年 1 月 16 日，购入一台服务器，财务部已投入使用。取得相关凭证如图 3－12～图 3－14 所示。

11098248　　安徽增值税专用发票　　№ 23178942　　11098248 23178942

发票联　　（全国统一发票监制章　安徽　国家税务总局监制）

开票日期：2023年01月16日

购买方	名称：安徽恒鑫电子有限责任公司 纳税人识别号：684464989856126868 地址、电话：合肥市蜀山路36号，0551－5971057 开户行及账号：合肥市工商银行明光路支行，6542136546867242261			密码区	48*7>+>-2/3- 5/3750384<1948*7>+>-2//51948*7>+>55 87>*8574<194561948*7>+>7-7<8*873/+< 13-30011521948*7>+><191948*7>+>142>		
货物或应税劳务、服务名称	规格型号	单位	数量	单价	金额	税率	税额
*电子计算机*浪潮服务器		台	1	10000.00	10000.00	13%	1300.00
合计					¥10000.00		¥1300.00
价税合计（大写）	⊗ 人民币壹万壹仟叁佰圆整				（小写）¥11300.00		
销售方	名称：苏宁云商集团股份有限公司合肥分公司 纳税人识别号：157185723354481686 地址、电话：合肥市步行街88号，0551-87297389 开户行及账号：兴业银行合肥市分行，131222000025532499			备注	苏宁云商集团股份有限公司合肥分公司 157185723354481686 发票专用章		

收款人：（略）　复核：（略）　开票人：（略）　销售方：（章）

第三联：发票联　购买方记账凭证

税总函［2022］562号海南华森实业公司

图 3－12　［任务 2.8］原始凭证 1

工商银行
转账支票存根
20231130

20231130

附加信息

出票日期 2023 年 01 月 16 日

收款人：苏宁云商集团股份有限公司合肥分公司	
金　额：￥11300.00	
用　途：购买服务器	

单位主管（略） 会计（略）

合肥方正三彩印制有限公司·2022年印制

图 3-13 [任务 2.8]原始凭证 2

固定资产卡片

使用单位：财务部　　填表日期：2023 年 01 月 16 日

类别	办公设备	出厂或交接验收日期	2022.03.24	预计使用年限	5年
编号	03008	购入或使用日期	2023.01.16	预计残值	100
名称	浪潮服务器	放置或使用地址	财务部	预计清理费用	0
型号规格		负责人	程旭东	月折旧率	
建造单位		总造价		月大修理费用提存率	

设备主要技术参数或建筑物占地面积、建筑面积及结构	设备主要配件名称数量或建筑物附设设备	大修理记录		固定资产改变记录
		时间	项目	

图 3-14 [任务 2.8]原始凭证 3

【任务 2.9】 2023 年 1 月 17 日，开出银行承兑汇票向百盈公司支付 13 日的购货款。取得相关凭证如图 3 - 15 所示。

银行承兑汇票 2 68791083

68791083

出票日期（大写） 贰零贰叁年 零壹月 壹拾柒日

出票人全称	安徽恒鑫电子有限责任公司	收款人	全称	东莞市百盈防静电制品有限公司
出票人账号	6542136546867242261		账号	6222000025532490
付款行名称	合肥市工商银行明光路支行		开户银行	中国工商银行塘厦镇支行
出票金额	人民币（大写） 贰拾肆万捌仟陆佰元整		亿千百十万千百十元角分	￥24860000
汇票到期日（大写）	贰零贰叁年伍月壹拾柒日	付款行	行号	56234
承兑协议编号	1269872		地址	合肥市明光路99号
本汇票请你行承兑，到期无条件付款。出票人签章		本汇票已经承兑，到期日由本行付款。承兑行签章 承兑日期 2023 年 01月 17日 备注： 0		密押 复核 （略） 记账 （略）

此联收款人开户行随托收凭证寄付款行作借方凭证附件

图 3 - 15 ［任务 2.9］原始凭证

【任务 2.10】 2023 年 1 月 19 日，综合部胡嗣兴报销业务招待费。取得相关凭证如图 3 - 16～图 3 - 18 所示。

260921101089 安徽增值税普通发票 № 60972953 260921101089 60972953

发票联 开票日期：2023年01月19日

购买方	名称：安徽恒鑫电子有限责任公司 纳税人识别号：684464989856126868 地址、电话：合肥市蜀山路36号，0551－5971057 开户行及账号：合肥市工商银行明光路支行，6542136546867242261	密码区：48*7>+>-2/3- 75/3750384<1948*7>+>-2//51948*7>+>554 987>*8574<194561948*7>+>7-7<8*873/+<4 913-30011521948*7>+><191948*7>+>142>>

货物或应税劳务、服务名称	规格型号	单位	数量	单价	金额	税率	税额
*餐饮服务*餐饮费					943.40	6%	56.60
合计					￥943.40		￥56.60
价税合计（大写）	⊗人民币壹仟圆整				（小写）￥1000.00		

销售方	名称：金福膳大酒店 纳税人识别号：19802572354481673 地址、电话：合肥市瑶海区明光路3649号，0551-57474488 开户行及账号：交通银行合肥瑶海支行，6220000526782985683	备注

收款人：（略） 复核：（略） 开票人：（略） 销售方：（章）

第二联：发票联 购买方记账凭证

图 3 - 16 ［任务 2.10］原始凭证 1

图 3-17　[任务 2.10]原始凭证 2

图 3-18　[任务 2.10]原始凭证 3

【任务 2.11】　2023 年 1 月 22 日,销售部艾昀昀向恒隆电子商贸有限公司销售鼠标和键盘。付款条件:2/10,1/20,n/30(现金折扣不考虑增值税)。取得相关凭证如图 3-19 所示。

图 3-19　[任务 2.11]原始凭证

【任务 2.12】 2023 年 1 月 23 日,计算和汇总工资数据,并根据工资分摊设置,计提本月工资、工会经费、职工教育经费(勾选合并科目相同、辅助项相同的会计分录)。

【任务 2.13】 2023 年 1 月 25 日,发放本月工资(总账处理)。取得相关凭证如图 3-20 所示。

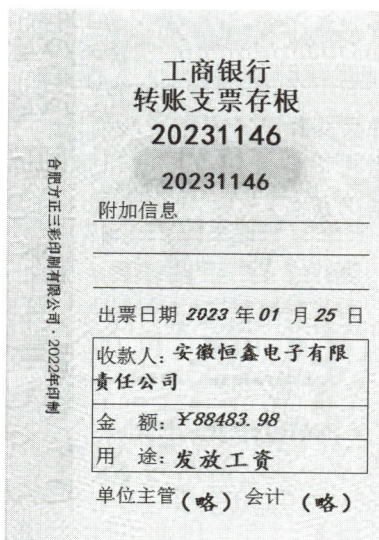

图 3-20 [任务 2.13]原始凭证

【任务 2.14】 2023 年 1 月 29 日,收到恒隆电子商贸有限公司货款,取得相关凭证如图 3-21 所示。

图 3-21 [任务 2.14]原始凭证

【任务 2.15】 2023 年 1 月 31 日,计提本月折旧。

【任务 2.16】 2023 年 1 月 31 日,结转本月制造费用,鼠标:键盘=5:5。

【任务 2.17】 2023 年 1 月 31 日,结转本月完工产品成本。鼠标 8 000 只全部完工;键盘 8 000 个全部完工(利用系统预置的自定义转账凭证生成凭证)。

【任务 2.18】 2023 年 1 月 31 日,结转本月发生的销售成本。

【任务 2.19】 2023 年 1 月 31 日,结转本月发生的期间损益(收入和支出分别制单)。

三、会计报表编制(10 分)

【任务 3.1】 打开考生文件夹下名为 zcfzb.rep 的资产负债表,重新生成 2023 年 1 月 31 日资产负债表并保存(考生文件夹路径请查看电子题面)。

【任务 3.2】 打开考生文件夹下名为 lrb.rep 的利润表,重新生成 2023 年 1 月利润表并保存(考生文件夹路径请查看电子题面)。

3

项目四 模拟题三

第一部分 初始账套信息设置

一、企业背景资料

单位名称：繁阳有限责任公司。

地址：安徽省芜湖市弋江区文昌西路 24 号,电话 0553－7337856。

法人代表：操世发。

企业类型：工业企业。

纳税人识别号：340207730020277686。

开户银行：交通银行芜湖市康复路支行,银行账号：6222600260002607668。

公司生产组织与工艺流程：公司单步骤大量生产 2B 铅笔、HB 铅笔;制造费用在两种产品之间按工时比率分配。

二、操作员及权限设置

设置操作员及操作权限,相关信息如表 4－1 所示。

表 4－1 操作员及操作权限分工表

用户编号	用户姓名	隶属部门	操 作 分 工
01	程 卓	财务部	财务主管
02	赵心语	财务部	具有"公共目录设置"权限 具有"总账""固定资产""薪资管理"的全部权限

三、建账资料

繁阳有限责任公司的建账资料如表 4－2 所示。

表 4－2 账套信息表

账套号	002
账套名称	繁阳有限责任公司
启用会计期	2023 年 1 月 1 日

续　表

账套存储路径	系统默认路径
单位名称	繁阳有限责任公司
单位简称	繁阳公司
单位地址	安徽省芜湖市弋江区文昌西路 24 号
法人代表	操世发
邮政编码	241006
联系电话及传真	0553－7337856
纳税人识别号	340207730020277686
本位代码	RMB
企业类型	工业
行业性质	2007 年新会计制度科目
账套主管	程卓
按行业性质预设会计科目	按行业性质预设会计科目
基础信息	该企业无外币核算,进行经济业务处理时,不需要对存货、客户、供应商进行分类
分类编码方案	科目编码级次:4－2－2－2,其他科目编码默认
数据精度	该企业对存货数量、单价的小数位数定为 2
需要立即启用的模块	总账、固定资产、薪资
系统启用时间	2023 年 01 月 01 日

四、基础档案设置

(一) 设置部门档案

繁阳有限责任公司相关部门档案信息如表 4-3 所示。

表 4-3　部门档案表

部门编码	部门名称	部门编码	部门名称
1	总经理室	4	销售部
2	财务部	5	生产部
3	采购部	6	仓管部

(二) 设置人员类别

繁阳有限责任公司人员类别信息如表 4-4 所示。

表 4-4 人员类别表

档案编码	档案名称	档案编码	档案名称
10101	企业管理人员	10104	采购人员
10102	行政人员	10105	生产人员
10103	营销人员	10106	车间管理人员

(三)设置人员档案

繁阳有限责任公司人员档案信息如表 4-5 所示。

表 4-5 人员档案表

人员编码	姓名	行政部门编码	人员类别	性别	业务或费用编码
101	操世发	1	企业管理人员	男	1
201	程卓	2	企业管理人员	男	2
202	赵心语	2	行政人员	女	2
203	沈晔凡	2	行政人员	男	2
301	桂佳琦	3	采购人员	女	3
401	李泽楷	4	营销人员	男	4
501	马歆羽	5	车间管理人员	女	5
502	刘思瑜	5	生产人员	女	5
601	李启智	6	企业管理人员	男	6

(四)设置客户档案

繁阳有限责任公司客户档案信息如表 4-6 所示。

表 4-6 客户档案表

客户编码	客户简称	纳税人识别号	开户银行	银行账号	地址
01	安达公司	1977041869 87254652	建设银行芜湖市滨江路支行	41181234136 85492485	芜湖市滨江路 66 号
02	恒大公司	7791061636 95176468	工商银行合肥市长江路支行	31014321254 68423524	合肥市长江路 77 号

(五)设置供应商档案

繁阳有限责任公司供应商档案信息如表 4-7 所示。

表 4-7 供应商档案表

供应商编码	供应商简称	纳税人识别号	开户银行	银行账号	地址
01	佳和公司	7710016698 73216908	工商银行常州市朝阳路支行	66280233135 24678909	常州市朝阳路 99 号

4

续　表

供应商编码	供应商简称	纳税人识别号	开户银行	银行账号	地　　址
02	新益公司	7703457719 87345698	工商银行南京市 珠江路支行	66266344123 49876503	南京市珠江路 11 号

（六）设置计量单位组及计量单位

繁阳有限责任公司计量单位组及计量单位信息如表 4-8 所示。

表 4-8　计 量 单 位 表

设置组	计量单位组编码：01	计量单位组名称：基本计量单位	计量单位组类别：无换算
设置计 量单位	计量单位编码：0101	计量单位名称：元	无换算组
	计量单位编码：0102	计量单位名称：支	无换算组
	计量单位编码：0103	计量单位名称：盒	无换算组

（七）设置存货档案

繁阳有限责任公司计量单位组及计量单位信息如表 4-9 所示。

表 4-9　存 货 档 案 表

存货 编码	存货名称	计量单位组	主计量单位	税率	存货属性
01	笔芯	基本计量单位	盒	13%	外购、生产耗用
02	笔杆	基本计量单位	盒	13%	外购、生产耗用
03	2B 铅笔	基本计量单位	盒	13%	自制、内销、外销
09	运输费	基本计量单位	元	9%	外购、应税劳务

（八）设置需增加的会计科目

繁阳有限责任公司需增加的会计科目信息如表 4-10 所示。

表 4-10　增加会计科目表

科目编码	科目名称	方　向	辅助账类型	计量单位
100201	交行存款	借	日记账、银行账	
140301	笔芯	借	数量核算	盒
140302	笔杆	借	数量核算	盒
140501	2B 铅笔	借	数量核算	盒
140502	HB 铅笔	借	数量核算	盒
1481	合同资产	借		
200101	交通银行	贷		
220201	应付货款	贷		
220202	暂估应付款	贷		

续 表

科目编码	科目名称	方　向	辅助账类型	计量单位
2204	合同负债	贷		
221101	工资	贷		
222101	应交增值税	贷		
22210101	进项税额	借		
22210104	销项税额	贷		
222102	应交所得税	贷		
410415	未分配利润	贷		
500101	直接材料	借	项目核算	
500102	直接人工	借	项目核算	
500103	制造费用	借	项目核算	
510101	折旧费	借		
510102	其他	借		
600101	2B 铅笔	收入	数量核算	盒
600102	HB 铅笔	收入	数量核算	盒
6115	资产处置损益	支出		
640101	2B 铅笔	支出	数量核算	盒
640102	HB 铅笔	支出	数量核算	盒
660101	折旧费	支出		
660102	工资	支出		
660103	差旅费	支出		
660104	其他	支出		
660105	运费	支出		
660201	折旧费	支出	部门核算	
660202	工资	支出	部门核算	
660203	其他	支出	部门核算	
6702	信用减值损失	支出		

（九）设置需修改的会计科目

繁阳有限责任公司需修改的会计科目信息如表 4-11 所示。

表 4-11　需修改的会计科目表

原科目代码	原科目名称	修改内容	
		辅助账类型	受控系统
1001	库存现金	日记账	
1002	银行存款	日记账、银行账	

4

续 表

原科目代码	原科目名称	修改内容	
		辅助账类型	受控系统
1121	应收票据	客户往来	无
1122	应收账款	客户往来	无
1123	预付账款	供应商往来	无
1221	其他应收款	个人往来	
1501	债权投资		
1502	其他债权投资		
2201	应付票据	供应商往来	无
220201	应付货款	供应商往来	无
2203	预收账款	客户往来	无

（十）设置凭证类别

繁阳有限责任公司凭证类别采用"记账凭证"。

（十一）设置项目目录

繁阳有限责任公司项目目录信息如表 4 - 12 所示。

表 4 - 12 项 目 目 录 表

项目设置步骤	设 置 内 容
项目大类	生产成本
核算科目	直接材料（500101）
	直接人工（500102）
	制造费用（500103）
项目分类	分类编码：1，分类名称：自行生产
项目名称	项目编号：1，项目名称：2B 铅笔，所属分类码：1
	项目编号：2，项目名称：HB 铅笔，所属分类码：1

（十二）设置结算方式

繁阳有限责任公司结算方式信息如表 4 - 13 所示。

表 4 - 13 结 算 方 式 表

结 算 方 式	结 算 方 式 名 称	票 据 管 理
1	现金结算	否
2	支票结算	否
201	现金支票	否

4

续　表

结 算 方 式	结算方式名称	票 据 管 理
202	转账支票	否
3	电汇	否
4	商业承兑汇票	否

五、总账管理系统初始设置

(一)设置总账控制参数

总账管理系统相关参数信息如表 4-14 所示。

表 4-14　总账参数表

选 项 卡	参 数 设 置
凭　证	制单序时控制 其他采用系统默认值
账　簿	采用系统默认值
凭证打印	采用系统默认值
预算控制	采用系统默认值
权　限	取消"凭证审核控制到操作员" 出纳凭证必须经由出纳签字 取消"允许修改、作废他人填制的凭证" 其他采用系统默认值
会计日历	采用系统默认值
其　他	采用系统默认值

(二)录入总账期初余额

1. 总账期初余额(表 4-15)

表 4-15　总账期初余额表

科 目 名 称	方　向	币别/计量	期初余额/元
库存现金(1001)	借		53 000
银行存款(1002)	借		503 189
交通银行(1002001)	借		503 189
应收票据(1121)	借		271 200
原材料(1403)	借		39 900
笔芯(140301)	借		23 400
	借	盒	2 340
笔杆(140302)	借		16 500
	借	盒	2 750

4

续　表

科　目　名　称	方　　向	币别/计量	期初余额/元
库存商品(1405)	借		489 000
2B 铅笔(140501)	借		360 000
	借	盒	12 000
HB 铅笔(140502)	借		129 000
	借	盒	2 580
固定资产(1601)	借		1 939 000
累计折旧(1602)	贷		32 439
短期借款(2001)	贷		400 000
交通银行(200101)	贷		400 000
实收资本(4001)	贷		3 000 000
利润分配(4105)	贷		193 375
未分配利润 410515	贷		193 375

2. 应收票据期初余额(表 4-16)

表 4-16　应收票据(1121)期初余额

日　　期	凭证号	客　户	摘　　要	方　向	票号	金额/元
2022-08-20	记-23	安达公司	销售 2B 铅笔	借	88750135	280 800

六、固定资产管理系统初始设置

(一)设置固定资产管理系统参数

固定资产管理系统相关参数信息如表 4-17 所示。

表 4-17　固定资产管理系统参数表

控制参数	参　数　设　置
折旧信息	本账套计提折旧 折旧方法:平均年限法(一) 折旧汇总分配周期:1 个月 当(月初已计提月份＝可使用月份－1)时,将剩余折旧全部提足
编码方式	资产类别编码方式:2-1-1-2 固定资产编码方式:按"类别编码＋序号"自动编码 卡片序号长度:3
财务接口	与账务系统进行对账 固定资产对账科目:固定资产(1601) 累计折旧对账科目:累计折旧(1602)

控 制 参 数	参 数 设 置
补充参数	业务发生后立即制单 固定资产默认入账科目：1601 累计折旧默认入账科目：1602 减值准备默认入账科目：1603

（二）设置对应折旧科目

固定资产管理系统应设置的部门对应折旧科目信息如表4－18所示。

表4－18 部门对应折旧科目表

部 门 名 称	折 旧 科 目
总经理室	660201
财务部	660201
采购部	660201
销售部	660101
生产部	510101
仓管部	660201

（三）设置固定资产类别

固定资产管理系统应设置的固定资产类别信息如表4－19所示。

表4－19 资产类别表

类别编码	类别名称	使用年限	计提属性	折旧方法	净残值率	卡片样式
01	房屋及建筑物	30年	正常计提	平均年限法（一）	3%	通用样式
02	机器设备	10年	正常计提	平均年限法（一）	2%	通用样式
03	办公设备	5年	正常计提	平均年限法（一）	1%	通用样式

（四）设置固定资产增减方式对应的入账科目

固定资产管理系统应设置增减方式对应的入账科目信息如表4－20所示。

表4－20 固定资产增减方式对应的入账科目表

增加方式	对应入账科目	减少方式	对应入账科目
在建工程转入	在建工程	报废	固定资产清理
投资者投入	实收资本	投资转出	长期股权投资
盘盈	以前年度损益调整	盘亏	待处理财产损溢
捐赠	营业外收入	捐赠转出	营业外支出
直接购入	交行存款	出售	固定资产清理

4

（五）录入固定资产原始卡片

固定资产管理系统应录入的固定资产原始卡片信息如表 4 - 21 所示。

表 4 - 21　固定资产原始卡片表

卡片编号	00001	00002	00003	00004
固定资产编号	01001	01002	02001	03001
固定资产名称	1 号楼	2 号楼	生产线	华硕电脑
类别编号	01	01	02	03
类别名称	房屋及建筑物	房屋及建筑物	机器设备	办公设备
部门名称	总经理室（30%），财务部（20%），采购部（20%），销售部（30%）	生产部	生产部	财务部
增加方式	在建工程转入	在建工程转入	直接购入	直接购入
使用状况	在用	在用	在用	在用
使用年限（月）	360	360	120	60
折旧方法	平均年限法（一）	平均年限法（一）	平均年限法（一）	平均年限法（一）
开始使用日期	2021 - 06 - 08	2021 - 06 - 28	2021 - 10 - 10	2022 - 10 - 10
币　种	人民币	人民币	人民币	人民币
原　值（元）	960 000	800 000	120 000	56 000
净残值率	3%	3%	2%	1%
累计折旧（元）	15 552	12 960	1 980	1 848

七、薪资管理系统初始设置

（一）设置薪资管理系统参数

薪资管理系统相关参数信息如表 4 - 22 所示。

表 4 - 22　薪资管理系统参数表

控制参数	内　　　容
参数设置	单个工资类别，不核算计件工资
扣税设置	从工资代扣个人所得税
扣零设置	不扣零
核算币种	人民币 RMB

根据表 4 - 23 设置个人所得税税率表，将基数修改为 5 000.00，附加费用修改为 0。

表 4-23 工资薪金个人所得税税率表

级数	全月应纳税所得额（含税级距，元）	税率/%	速算扣除数/元
1	不超过 3 000 元的	3	0
2	超过 3 000 元至 12 000 元的部分	10	210
3	超过 12 000 元至 25 000 元的部分	20	1 410
4	超过 25 000 至 35 000 元的部分	25	2 660
5	超过 35 000 至 55 000 元的部分	30	4 410
6	超过 55 000 元至 80 000 元的部分	35	7 160
7	超过 80 000 元的部分	45	15 160

温馨提示

🌐 本案例中个人所得税按照分月预缴、年终汇算清缴的方式。分月预缴税依照个人所得税税率表（综合所得适用）按月换算后计算缴纳税款，税前予以扣除的专项扣除、专项附加扣除和其他扣除于年底一并汇算清缴。

（二）录入人员档案

薪资管理系统中应录入的人员档案信息如表 4-24 所示。

表 4-24 人员档案表

薪资部门名称	人员编号	姓名	人员类别	银行名称	银行账号
总经理室	101	操世发	企业管理人员	交通银行	6222600262000300001
财务部	201	程卓	企业管理人员	交通银行	6222600262000300002
财务部	202	赵心语	行政人员	交通银行	6222600262000300003
财务部	203	沈晔凡	行政人员	交通银行	6222600262000300004
采购部	301	桂佳琦	采购人员	交通银行	6222600262000300005
销售部	401	李泽楷	营销人员	交通银行	6222600262000300006
生产部	501	马歆羽	车间管理人员	交通银行	6222600262000300007
生产部	502	刘思瑜	生产人员	交通银行	6222600262000300008
仓管部	601	李启智	企业管理人员	交通银行	6222600262000300009

（三）设置工资项目

薪资管理系统中应设置的工资项目信息如表 4-25 所示。

表 4-25 工资项目表

工资项目名称	类型	长度	小数	增减项
基本工资	数字	8	2	增项
岗位工资	数字	8	2	增项

4

续　表

工资项目名称	类　型	长　度	小　数	增 减 项
交通补贴	数字	8	2	增项
医疗保险	数字	8	2	减项
养老保险	数字	8	2	减项
缺勤扣款	数字	8	2	减项
缺勤天数	数字	8	2	其他
计税工资	数字	8	2	其他

（四）设置工资计算公式

薪资管理系统中应设置的工资计算公式信息如表 4-26 所示。

表 4-26　工资计算公式表

工资项目	定 义 公 式
医疗保险	基本工资×0.08
养老保险	基本工资×0.2
缺勤扣款	（基本工资/30）×缺勤天数×0.6
计税工资	基本工资＋岗位工资＋交通补贴－医疗保险－养老保险金－缺勤扣款

（五）录入工资数据

薪资管理系统中应录入的工资数据信息如表 4-27 所示。

表 4-27　工 资 数 据 表

人员编号	人员姓名	所属部门编码	人员类别	账　号	基本工资/元	岗位工资/元	缺勤天数
101	操世发	1	企业管理人员	6222600262000300001	6 000	1 500	
201	程 卓	2	企业管理人员	6222600262000300002	5 500	1 200	
202	赵心语	2	行政人员	6222600262000300003	5 200	1 200	
203	沈晔凡	2	行政人员	6222600262000300004	5 200	1 200	
301	桂佳琦	3	采购人员	6222600262000300005	5 200	1 200	
401	李泽楷	4	营销人员	6222600262000300006	5 200	1 200	1
501	马歆羽	5	车间管理人员	6222600262000300007	5 200	1 200	
502	刘思瑜	5	生产人员	6222600262000300008	5 200	1 200	
601	李启智	6	企业管理人员	6222600262000300009	5 200	1 200	

（六）设置工资分摊

薪资管理系统中应设置工资分摊的相关信息如表 4-28 所示。

表 4 - 28　计提工资转账分录一览表

分摊构成设置(计提比例100%)				
部 门 名 称	人员类别	项　　目	借方科目	贷方科目
总经理室、财务部、采购部、销售部、生产部、仓管部	企业管理人员	实发合计	660202	221101
总经理室、财务部、采购部、销售部、生产部、仓管部	行政人员	实发合计	660202	221101
销售部	营销人员	实发合计	660102	221101
采购部	采购人员	实发合计	660202	221101
生产部	生产人员	实发合计	500102(借方项目大类:生产成本,借方项目:2B铅笔)	221101
生产部	车间管理人员	实发合计	510102	221101

第二部分　试　题　题　面

一、初始化设置(40分)

【任务1.1】　增加操作员并授权,相关信息如表4-29所示。

表 4 - 29　操 作 员 表

操作员编号	操作员姓名	操作员权限
03	沈晔凡	出纳签字

【任务1.2】　增加部门档案,相关信息如表4-30所示。

表 4 - 30　部 门 档 案 表

部门编码	部门名称
7	人力资源部

【任务1.3】　增加人员档案,相关信息如表4-31所示。

表 4 - 31　人 员 档 案 表

人员编号	人员姓名	性别	行政部门	人员类别	是否业务员
701	赵爱萍	女	人力资源部	行政人员	是

【任务1.4】　增加客户档案,相关信息如表4-32所示。

4

表 4 - 32   客 户 档 案 表

客户编号	客户简称	纳税人识别号	地　址	开户行	银行账号	默认值
03	天宇公司	5535912246 87962589	芜湖市弋江区 文津路 73 号	中行文津路 支行	11412356916 58721032	是

【任务 1.5】　增加供应商档案,相关信息如表 4 - 33 所示。

表 4 - 33   供 应 商 档 案 表

供应商编号	供应商简称	纳税人识别号	地　址	开户行	银行账号
03	永顺公司	3402278705 42022587	芜湖市弋江区 利民路 105 号	工行利民路 支行	62226002626 07894568

【任务 1.6】　设置存货计量单位,相关信息如表 4 - 34 所示。

表 4 - 34   计 量 单 位 表

设置存货计量单位	计量单位编号	计量单位名称
	0104	箱

【任务 1.7】　设置存货档案,相关信息如表 4 - 35 所示。

表 4 - 35   存 货 档 案 表

存货编码	存货名称	计量单位组	税　率	主计量单位	属　性
04	HB 铅笔	01	13%	盒	自制、内销、外销

【任务 1.8】　增加会计科目,相关信息如表 4 - 36 所示。

表 4 - 36   会 计 科 目 表

科目代码	科 目 名 称	方　向
22210105	进项税额转出	贷

【任务 1.9】　指定会计科目:将"1001"库存现金指定为现金总账科目;"1002"银行存款指定为银行总账科目。

【任务 1.10】　增加结算方式,相关信息如表 4 - 37 所示。

表 4 - 37   结 算 方 式 表

结算方式编号	结算方式名称	票据管理
5	银行承兑汇票	否

4

【任务 1.11】　设置总账管理系统控制参数,相关信息如表 4 - 38 所示。

表 4-38 总账管理系统控制参数表

选项卡	参 数 设 置
凭 证	取消"现金流量科目必录现金流量项目";自动填补凭证断号;其他采用系统默认值

【任务 1.12】 录入总账期初余额并试算平衡,相关信息如表 4-39 所示。

表 4-39 总账期初余额表

科目名称	方向	期初余额/元	辅助核算期初数据
应收账款	借	330 525.00	2022-11-25,凭证号 25,向恒大公司销售 2B 铅笔 5 850 盒,价税合计 330 525.00 元,款项尚未收到。增值税专用发票号:56789512

【任务 1.13】 设置固定资产业务参数:业务发生后立即制单。

【任务 1.14】 设置固定资产类别,相关信息如表 4-40 所示。

表 4-40 固定资产类别表

类别编码	类别名称	使用年限	净残值率	计提属性	折旧方法	卡片样式
04	运输设备	6 年	2%	正常计提	平均年限法(一)	通用样式

【任务 1.15】 设置部门对应折旧科目:人力资源部:管理费用——折旧费 660201。

【任务 1.16】 录入原始卡片并与总账对账,相关信息如表 4-41 所示。

表 4-41 固定资产卡片表

卡片编号	00005
固定资产编号及名称	03002 打印机
类别编号及名称	03 办公设备
使用部门	财务部
增加方式	直接购入
使用状况	在用
使用年限	5 年
折旧方法	平均年限法(一)
开始使用日期	2022-10-10
原值	3 000 元
累计折旧	99 元
净残值率	1%

【任务 1.17】 增加人员档案并输入个人银行账号,相关信息如表 4-42 所示。

4

表 4 - 42　人 员 档 案 表

人员编码	人员姓名	行政部门	银行名称	银行账号
701	赵爱萍	人力资源部	交通银行	6222600262000300010

【任务 1.18】　设置工资项目,相关信息如表 4 - 43 所示。

表 4 - 43　工 资 项 目 表

工资项目名称	类　型	长　度	小　数	增减项
津贴	数字	8	2	增项

【任务 1.19】　设置工资计算公式,相关信息如表 4 - 44 所示。

表 4 - 44　工 资 计 算 公 式 表

工资项目	定　义　公　式
交通补贴	Iff(人员类别＝"采购人员" or 人员类别＝"营销人员",400,200)

【任务 1.20】　扣税设置:个人所得税申报表中"收入额合计"项对应的项目由"实发合计"改为"计税工资"。

二、日常业务处理(50 分)

在总账管理、固定资产管理以及薪资管理系统中对繁阳有限责任公司 2023 年 1 月份发生的业务进行处理。

【任务 2.1】　2023 年 1 月 2 日,开出现金支票,提取现金备用。取得相关凭证如图 4 - 1 所示。

图 4 - 1　[任务 2.1]原始凭证

【任务 2.2】 2023 年 1 月 5 日，向佳和公司采购笔芯、笔杆。取得相关凭证如图 4－2～图 4－4 所示。

6328745632　江苏增值税专用发票　№ 60972591　6328745632 60972591

发票联　开票日期：2023年01月05日

购买方	名称：繁阳有限责任公司 纳税人识别号：340207730020277686 地址、电话：安徽省芜湖市弋江区文昌西路24号，0553-7337856 开户行及账号：交通银行芜湖市康复路支行，6222600260002607668			密码区	48*7>+>-2/3- 5/3750384<1948*7>+>-2//51948*7>+>55 87>*8574<194561948*7>+>7-7<8*873/+< 13-30011521948*7>+><191948*7>+>142>		
货物或应税劳务、服务名称	规格型号	单位	数量	单价	金额	税率	税额
*文具*笔芯	1*20	盒	10000	10.00	100000.00	13%	13000.00
*文具*笔杆	1*20	盒	10000	6.00	60000.00	13%	7800.00
合计					￥160000.00		￥20800.00
价税合计（大写）	⊗人民币壹拾捌万零捌佰圆整				（小写）￥180800.00		
销售方	名称：佳和公司 纳税人识别号：771001669873216908 地址、电话：常州市朝阳路99号，0519-82336569 开户行及账号：工商银行常州市朝阳路支行，6628023313524678909			备注			

收款人：（略）　复核：（略）　开票人：（略）　销售方：（章）

第三联：发票联　购买方记账凭证

（印章：全国统一发票监制章 江苏 国家税务总局监制；佳和公司 771001669873216908 发票专用章）

图 4－2　[任务 2.2]原始凭证 1

交通银行　银行电汇凭证（回单）　1

委托日期 2023 年 01 月 05 日　No. 35785436

汇款人	全称	繁阳有限责任公司	收款人	全称	佳和公司
	账号	6222600260002607668		账号	6628023313524678909
	汇出地点	安徽 省　芜湖 市/县		汇入地点	江苏 省　常州 市/县
汇出行名称		交通银行芜湖市康复路支行	汇入行名称		工商银行常州市朝阳路支行
金额	人民币（大写）	人民币壹拾捌万零捌佰元整		亿千百十万千百十元角分	￥18080000
交通银行康复路支行 2023.01.05 转讫 汇出行签章			支付密码		
			附加信息及用途：		

此联汇出行给汇款人的回单

图 4－3　[任务 2.2]原始凭证 2

【任务 2.3】 2023 年 1 月 7 日，领用原材料。取得相关凭证如图 4－5 所示。

【任务 2.4】 2023 年 1 月 11 日，购入传真机一台，交财务部使用。取得相关凭证如图 4－6、图 4－7 所示。

入 库 单

2023 年 01 月 05 日

单号 0001

交来单位及部门	佳和公司		发票号码或生产单号码	60972591		验收仓库	原材料仓库		入库日期	2023年01月05日
编号	名称及规格	单位	数量 交库	数量 实收	实际价格 单价	实际价格 金额	计划价格 单价	计划价格 金额	价格差异	
	笔芯	盒	10000	10000	10.00	100000.00				
	笔杆	盒	10000	10000	6.00	60000.00				
	合 计									

部门经理：程卓　　　　会计：赵心语　　　　仓库：李启智　　　　经办人：桂佳琦

图 4-4 ［任务 2.2］原始凭证 3

领 料 单

领料部门：生产部
用　途：生产2B铅笔　　　　2023 年 01 月 07 日　　　　第 0255 号

编号	材料 名称	材料 规格	单位	数量 请领	数量 实发	成本 单价	成本 总价 百 十 万 千 百 十 元 角 分
	笔芯	1*20	盒	10000	10000	10.00	1 0 0 0 0 0 0 0
	笔杆	1*20	盒	10000	10000	6.00	6 0 0 0 0 0 0
	合 计			20000	20000		¥ 1 6 0 0 0 0 0

部门经理：程卓　　　　会计：赵心语　　　　仓库：李启智　　　　经办人：马欣羽

图 4-5 ［任务 2.3］原始凭证

图 4-6 ［任务 2.4］原始凭证 1

交通银行
转账支票存根
23912346

23912346

附加信息

出票日期 2023 年 01 月 11 日

收款人：芜湖苏宁电器有限公司

金 额：￥2260.00

用 途：支付传真机款

单位主管 程卓 会计 赵心语

合肥方正三彩印制有限公司 · 2022年印制

图 4－7 ［任务 2.4］原始凭证 2

【任务 2.5】 2023 年 1 月 15 日，总经理室用现金购入打印纸等办公用品。取得相关凭证如图 4－8 所示。

346328745631 安徽增值税普通发票 № 36029018 346328745631 33029018

发 票 联

开票日期：2023年01月11日

购买方 名称：繁阳有限责任公司
纳税人识别号：340207730020277686
地址、电话：安徽省芜湖市弋江区文昌西路24号，0553-7337856
开户行及账号：交通银行芜湖市康复路支行，6222600260002607668

密码区：
48*7>+>-2/3-
:75/3750384<1948*7>+>-2//51948*7>+>554
:987>*8574<194561948*7>+>7-7<8*873/+<4:
'913-30011521948*7>+><191948*7>+>142>>:

货物或应税劳务、服务名称	规格型号	单位	数量	单价	金额	税率	税额
*纸制品*办公用品					442.48	13%	57.52
合计					￥442.48		￥57.52

价税合计（大写） ⊗ 人民币伍佰圆整 （小写）￥500.00

销售方 名称：芜湖市乐天玛特超市
纳税人识别号：341207730020277890
地址、电话：安徽省芜湖市花津路24号，0553-7331854
开户行及账号：交通银行芜湖市花津路支行，6222600260002607668

备注

收款人：（略） 复核：（略） 开票人：（略） 销售方：（章）

第二联：发票联 购买方记账凭证

图 4－8 ［任务 2.5］原始凭证

【任务 2.6】 2023 年 1 月 18 日，销售产品。取得相关凭证如图 4－9～图 4－11 所示。

【任务 2.7】 2023 年 1 月 21 日，录入薪资数据、生成薪资分摊凭证（明细到工资项目，按项目核算，合并科目相同、辅助项相同的分录）。取得相关凭证如表 4－45 所示。

4

图 4-9　［任务 2.6］原始凭证 1

图 4-10　［任务 2.6］原始凭证 2

图 4-11　［任务 2.6］原始凭证 3

表 4-45　薪 资 分 摊 表

人员编号	姓名	所属部门编码	人员类别	账号	基本工资/元	岗位工资/元	缺勤天数/天
701	赵爱萍	7	行政人员	6222600262000300010	5 000	1 200	1

【任务 2.8】　2023 年 1 月 25 日,发放本月工资。取得相关凭证如图 4-12 所示。

交通银行
转账支票存根
23909821

23909821

附加信息
_____
_____

出票日期 2023 年 01 月 25 日

收款人: 繁阳有限责任公司

金　额: ￥52503.48

用　途: 支付职工工资

单位主管　程卓　会计　赵心语

图 4-12　[任务 2.8]原始凭证

【任务 2.9】　2023 年 1 月 27 日,计提本月折旧,生成折旧分摊凭证(合并科目相同、辅助项相同的分录)。

【任务 2.10】　2023 年 1 月 28 日,财务部一台华硕电脑(编号:00004)报废。取得相关凭证如图 4-13 所示。

固定资产报废单

2023 年 01 月 28 日　　　　　　　　凭证编号: 0010

固定资产名称及编码	规格型号	单位	数量	购买日期	已计提折旧月数	原始价值	已提折旧	备注
华硕电脑, 00004	AS-D25	台	1	2022年10月10日	2	56000	2772	
固定资产状况及报废原因	电脑摔坏							
处理意见	使用部门		技术鉴定小组		固定资产管理部门		主管部门审批	
	同意		同意		同意		同意	

审核: 赵心语　　　　　制单: 程卓

图 4-13　[任务 2.10]原始凭证

4

【任务 2.11】　2023 年 1 月 29 日,取得华硕电脑残料收入。取得相关凭证如图 4-14 所示。

收　款　收　据　　NO.00490021

2023年 01月29日

今　收　到 芜湖市废品回收站

交　来:人民币贰佰元整

金额(大写)　零佰　零拾　零万　零仟　贰佰　零拾　零元　零角　零分

¥ 200.00　☑ 现金　☐ 支票　☐ 信用卡　☐ 其他　现金收讫　收款单位(盖章)

核准 赵宏博　　会计 赵心语　　记帐 桂佳琦　　出纳 周扬　　经手人 周晓

图 4-14　[任务 2.11]原始凭证

【任务 2.12】　2023 年 1 月 30 日,华硕电脑报废净损益。

【任务 2.13】　2023 年 1 月 31 日,分配本月制造费用(本月只投产 2B 铅笔)。

【任务 2.14】　2023 年 1 月 31 日,结转完工品成本(本月只投产 2B 铅笔,全部完工)。取得相关凭证如图 4-15 所示。

入　库　单

2023 年 01 月 31 日　　　　单号 0008

交来单位及部门	繁阳有限责任公司生产部		发票号码或生产单号码	63597412		验收仓库	产品仓库		入库日期	2023年01月31日

编号	名称及规格	单位	数量		实际价格		计划价格		价格差异
			交库	实收	单价	金额	单价	金额	
8	2B铅笔	盒	5600	5600					
	合　计		5600	5600					

部门经理:程卓　　会计:赵心语　　仓库:李启智　　经办人:赵普

图 4-15　[任务 2.14]原始凭证

【任务 2.15】　2023 年 1 月 31 日,结转本月销售成本(定义并生成转账凭证)。

【任务 2.16】　2023 年 1 月 31 日,结转期间损益(定义并生成转账凭证,收入、支出合并结转)。

【任务 2.17】　2023 年 1 月 31 日,计提所得税费用。

【任务 2.18】　2023 年 1 月 31 日,将所得税费用结转到本年利润。

三、会计报表编制(10 分)

【任务 3.1】　打开考生文件夹下名为 zcfzb.rep 资产负债表,重新生成 2023 年 1 月 31 日资产负债表并保存(考生文件夹路径请查看电子题面)。

【任务 3.2】　打开考生文件夹下名为 lrb.rep 利润表,重新生成 2023 年 1 月利润表并保存(考生文件夹路径请查看电子题面)。

4

主要参考文献

［1］王珠强，王海生.会计电算化——用友 ERP－U8V10.1 版［M］.3 版.北京：人民邮电出版社，2021.

［2］王新玲.用友 ERP 财务管理系统实验教程（U8V10.1）［M］.2 版.北京：清华大学出版社，2020.

［3］陈明然.会计信息化教程（用友 ERP－U8V10.1）［M］.2 版.北京：高等教育出版社，2018.

［4］朱丽.用友 ERP－U8V10.1——财务管理系统教程［M］.北京：人民邮电出版社，2018.

［5］毛华扬，刘红梅，王婧婧.会计信息系统原理与应用——基于用友 ERP－U8V10.1 版［M］.2 版.北京：中国人民大学出版社，2020.

［6］周玉清，刘伯莹，周强.ERP 原理与应用教程［M］.4 版.北京：清华大学出版社，2021.

感谢您使用本书。为方便教学，我社为教师提供资源下载、样书申请等服务，如贵校已选用本书，您只要关注微信公众号"高职财经教学研究"，或加入下列教师交流QQ群即可免费获得相关服务。

"高职财经教学研究"公众号

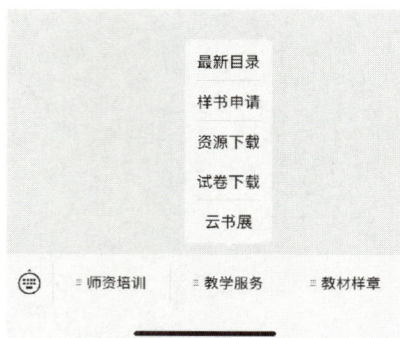

最新目录
样书申请
资源下载
试卷下载
云书展

三师资培训　三教学服务　三教材样章

资源下载：点击"**教学服务**"—"**资源下载**"，或直接在浏览器中输入网址（http://101.35.126.6/），注册登录后可搜索相应的资源并下载。（建议用电脑浏览器操作）

样书申请：点击"**教学服务**"—"**样书申请**"，填写相关信息即可申请样书。

试卷下载：点击"**教学服务**"—"**试卷下载**"，填写相关信息即可下载试卷。

样章下载：点击"**教材样章**"，即可下载在供教材的前言、目录和样章。

师资培训：点击"**师资培训**"，获取最新会议信息、直播回放和往期师资培训视频。

联系方式

会计QQ3群：473802328　　　会计QQ2群：370279388　　　会计QQ1群：554729666

（以上3个会计QQ群，加入任何一个即可获取教学服务，请勿重复加入）

联系电话：（021）56961310　　　电子邮箱：3076198581@qq.com

在线试题库及组卷系统

我们研发有10余门课程试题库："基础会计""财务会计""成本计算与管理""财务管理""管理会计""税务会计""税法""审计基础与实务"等，平均每个题库近3000题，知识点全覆盖，题型丰富，可自动组卷与批改。如贵校选用了高教社沪版相关课程教材，我们可免费提供给教师每个题库生成的各6套试卷及答案（Word格式难中易三档，索取方式见上述"试卷下载"），教师也可与我们联系咨询更多试题库详情。